工藤定次・工藤姫子
sadatsugu kudo　himeko kudo

さらば寂しすぎる教育

福生市・タメ塾の記録

新評論

復刻版まえがき

本書の著者である工藤定次は、もうこの世にはいません。二〇一九年九月、肝臓がんが原因で逝去しました（享年六八歳）。

その五年後となる二〇二三年の春、新評論の武市一幸氏より、『学習塾の可能性（福生・タメ塾の記録）』を復刻したいというお話をいただいたとき、青天の霹靂というよりは、世の中には突拍子もないことを考える人がいるもんだなあーと感心してしまいました。本書は絶版になっており、著作権を妻である私がもっているために許可が必要であるとのこと、です。その結果を見たさに、一も二もなく許諾したわけですが……。

その際に武市氏に送ったメールは以下のとおりです。

お世話になります。

私も何十年ぶりかに再読しましたけれど、青すぎて、これが現在に通用するか、一石を投じることができるのか、疑問ではありますが……、よろしくお願いします。

（工藤姫子）

これに対して、武市氏から届いた返信は次のとおりです。


ありがとうございます。では、データ化を進めます。

さて、「青すぎて」という懸念、おっしゃるとおりです。この点をふまえての「まえがき」が必要なので、お願いしたい次第です。また、作業を進めていく過程で、所々に「追記」もしたいかと考えております。

これらについては、次回お目にかかった際に相談したいです。なお、「さらば学習塾」というタイトルで復刻することを考えておりますが、現在の状況に対する「大いなる嫌み」になります。それゆえ、「一石を投じる」ことは十分できると私は思っています。「塾」と銘打つ以上、「人」を育ててほしいものだと常々考えております。「タメ塾」は、まちがいなく「人を育てていました」。


このあと、私の思考回路は「青すぎて」に占領されてしまいました。四七年前のタメ塾での日々を思い起こし、工藤定次という人間がどのような人間だったのか、どのように表現すれば本書を手に取ってくださった方々に理解してもらえるのかと悩み続けました。

実は、東京の郊外に位置する「福生」という小さな市の片隅にあった風変わりな学習塾は、口コミによる評判と本の効果もあってＴＶや新聞に取り上げられ、いつの間にか、「不登校・ひきこもり支援の先駆者」として全国から相談が相次ぐ施設へと変貌してゆきました。保護者に請われれば、全国どこへでも家庭訪問をしていました。それも一度や二度ではなく、一〇回、二〇回と通って当事者を説得していたのです。それぞれの自宅から宿泊施設へやって来た若者の数は、多いときには六〇人に達したこともありました。

そして、一九九九年六月に「特定非営利活動法人促進法」が制定されると同時に、タメ塾は「ＮＰＯ法人青少年自立援助センター」として法人化されました。民間の学習塾が公に認証されたことによって、工藤定次の行動は、「個人対個人の共助」から公的機関の支援があるべきだという「公助」へと軸足を移してゆきました。その結果、霞ヶ関には家庭訪問以上の回数で通い続けました。官僚や大臣を説得し、「ひきこもり」をはじめとする若年無業者への支援策を次々と実現させていったわけです。現在のニート・ひきこもりの合宿型訓練や地域若者サポートステーションは、その成果でもあります。

この間の変遷を振り返りながら、ふと気付いたことがあります。

タメ塾において塾生に食事を提供していた行為は、今の「子ども食堂」にあたります。貧しい生徒の月謝を無料や低額にしていたのは、現在自治体が実施している「生保・生活困窮者の児童生徒の学習支援事業」となります。これに気付いたことで、四七年前のタメ塾と現在の支援が一筋の流れとして連なったのです。そう、あのころの工藤定次の「青すぎ」る動向は、現在における支援の「源流」であったのか、と。

工藤定次は一九五〇年に生まれ、多感な青春時代を全共闘運動に加わって過ごし、その衰退も目の当たりにした世代です。学友のほとんどがスーツ姿で社会へ出てゆくのを横目に、学習塾の「先生」としての道を選んだのです。その胸の内には、格差や差別を許さず、それらと闘おうと決意した「青さ」があり、それを源流まで昇華させ、枯らすことなく六八年を生き切ったと思っています。

誰もが口をそろえて「生きづらい世の中だね」と嘆くような社会に誰がしてしまったのでしょうか。今からでも決して遅くありません。今こそ源流にさかのぼり、まちがった流れを修正すべきではないかと訴える工藤定次のエネルギーが、本書の復刻を喚起したと思えてなりません。

それゆえ、妻である私も、五〇年ほど前にタイムスリップして、当時の様子を思い出してみることにします。

一九七六年初冬、夕暮れ前の国鉄（現ＪＲ）青梅線の牛浜駅に私は立っていました。それまで住んでいた町田市を離れ、福生市という見も知らぬ土地で暮らすための第一歩でした。町田市の喧騒とは比べようもなく、人通りもまばらな駅前、同じ都下とは思えないほど寂れていました。

でも、不安はありませんでした。私はまだ大学生で、お腹の中には四か月になる子どもがいました。親に反対された結婚だったため、頼れるのは自分たちだけと覚悟を決め、雨風がしのげる場所と食事さえできればどこでも生きてゆけると高をくくっていたのです。

タメ（夫、工藤定次のあだ名です。なぜこのあだ名になったのかは、本書のなかで本人が述べています）から、アルバイトでやっていた「学習塾の手伝いを本格的に引き継ぐ」と言われたのは数か月前。「住居が確保できた」と呼ばれ、身一つでやって来たわけです。

タメから渡されたメモ書きの地図を頼りに、牛浜駅を背に、大通りの緩やかな坂道を上りはじめました。冷たい向かい風を避けるようにうつむき加減で歩き続け、ふっと顔を上げると、上り切ったところに八高線の踏切があり、その向こうには、見渡すかぎりオレンジ色の空が広がっていました。一瞬、「海だ」とつぶやきました。

JR 八高線の踏切。当時はこれほど建物がなく、平屋のアメリカンハウスしかなかった。突き当たりが横田基地

ひしゃげた自分の声に、まるで地の果てまで来てしまったかのような不安感を覚え、思わず涙がこぼれてしまいました。

海と勘違いしたのは、米軍の横田基地の上空でした。

八高線の踏切を渡り、信号を右に曲がり歩き続けました。不案内な道に夕闇が押し寄せ、どこまで行っても目的地にたどり着かないのではないかと、不安な気持ちが再び頭をもたげます。

しばらく歩くと、外灯に照らし出された一本のポールに「英数教室」と書かれた看板が目に入りました。古びた看板、所々が崩れた石壁。敷地の中に入ると自転車が数台乱雑に止められており、これまた薄汚れた平屋の玄関の軒先には、裸電球が煌々と地面を照らし出していました。

玄関のアルミ戸を引きます。三和土（たたき）と思しき

●column● 横田基地

1940年に大日本帝国陸軍の航空部隊の基地として開設され、第2次世界大戦中はイタリアと日本の長距離飛行を行う飛行場として、大戦末期には首都圏防衛の戦闘機基地となった横田飛行場は、1945年の敗戦後に連合国軍に接収され、それ以後、米空軍司令部が置かれるようになり、アジアにおける主要基地となっています。そして、2012年3月からは航空自衛隊の航空総隊司令部なども常駐するようになり、現在は日米両国の空軍基地となっています。

JR拝島駅の北側にあり、東福生駅や牛浜駅の東側に位置し、福生市、西多摩郡瑞穂町、武蔵村山市、羽村市、立川市、昭島市の5市1町（構成面積順）にまたがっています。福生市にかぎって言えば、市の半分弱が基地として使用されており、上空を軍用機やオスプレイが爆音を立て、当たり前のように飛び交っているというのが日常になっている地域です。

コンクリートの上には、幾重にも重なった大小の靴、靴、靴。たしかに、ここが学習塾だと証明するような光景です。少しだけ気持ちが和らいで、木造の内扉を開けます。靴の主たちでしょう。男子、女子が入り交じり、三人掛けのテーブルに三人ずつが窮屈そうに座っていました。数人が私のほうを振り向きましたが、とくにリアクションもなく、向き直ってテストを受けているような感じでした。

黒板の前にいるタメが私を認めると、手招きをし、「奥の扉へ入るように」と指示されたので、子どもたちのジャマにならないよう、おずおずとテーブルを回って私は奥にある扉の中に入りました。

六畳ほどの部屋の真ん中にコタツがあり、そこで丸くなってタバコを吸っていたのは大学の学友二人でした。タメに誘われて彼らが塾の講師を引き受けてくれたことは知っていましたが、見慣れた顔を見た途端、先ほどまでの心細さが消えてしまい、苦労を知らない学生気分に戻っていました。

1977年に開講した「タメ塾」

自宅の一部屋を学習室として開所するという話は世間でもよく聞くわけですが、私たちの場合は、家族が学習塾に間借りするという、まさに腰掛生活でした。

その学習塾は、いわゆる「アメリカンハウス」と呼ばれる建物でした。アメリカンハウス、広い芝生の庭に囲まれた青い壁の瀟洒な建物が思い浮かぶかもしれませんが、ここ福生市にあるアメリカンハウスは、戦後に米軍家族のために建てられた仮設住宅そのものでした（前ページの写真参照）。米軍が縮小され、不要になった古い建物には、大瀧詠一（一九四八〜二〇一三）や村上龍で有名になったように、日本のアウトローな若者が住み着いていたのです。

たしかに、敷地はそれなりの広さがありました。敷地の奥には六畳のプレハブが建ち、これも教室として使用していました。母屋は一五畳ぐらいのリビングと六畳、四畳半二部屋、キッチン、トイレ、風呂と、今の住宅事情からすれば贅沢とも思える間取りです。とはいえ、築二〇年の木造平屋が決して住みやすいわけではありません。ましてや、リビングは集団授業に、四畳半の一室は個別指導に使用されているので、私たち家族が使えるのは、講師が休憩・食事をする六畳間と、四畳半の寝室だけです。

もっともショックだったのは、風呂とトイレが同じ空間にあることでした。現在では、ワンルームマンションなどにおいてユニットバスが当たり前となっていますが、当時の日本の家屋では、目にすることはおろか想像すらできない造りでした。

しかも、キッチンと風呂・トイレはリビングを通らなければならないのです。生徒が学校へ行っている昼間に風呂に入って、夕食の下ごしらえをします。夕方から夜にかけては、授業中である生徒の横を通ってトイレに行くこともはばかられ、六畳間でじっとしているしかありませんでした。

今改めて考えると、よく耐えていたなーと思うわけですが、当時は、むしろそんな生活を楽しんでいたように思います。授業が終われば、毎夜、みんなと宴会騒ぎ。たまに気が向くと、大きなお腹を抱えて大学に行ったりという、のんきな時代でした。とはいえ、二人目の子どもの出産を控えて、学費を払うのがばかばかしくなって、私は大学を除籍となりましたが……。

夜、扉の向こうから、数学を教えているタメの声が聞こえてきます。「サイン・コサイン・タンジェット」……リンゴやお金のたとえを使って数式を解いてゆきます。

リビングで行われていた授業

「えっ、何、この分かりやすさ」

日常生活にまるで縁のない公式が、生きることに欠かせない新鮮な空気のように頭の中に入ってきます。それはまさに奇跡！

「あぁ、私も中学のときにこんな先生に出会っていたら数学嫌いにならずにすんだのに……」と、夢想してしまいました。

タメ　いいか、分かったか？

A　分かんねえよ。おれバカだから。（周囲では笑い）

タメ　お前はバカなんかじゃねえ。エロ本ばっかり読んでっからよ、ちと緩んでるだけだ。

（やだぁ〜、もぉ〜エッチ！　という女子の声）

タメ　いいか、俺の話に一〇分だけ集中しろ。そしたら、テストで一〇点取れるぞ。

A　タメさん、ホントかよ。じゃあ、オレが一〇点取れたら一〇〇〇円くれるか？

タメ　おおょ。その代わりお前が〇点取ったら俺に一〇〇〇円寄こせよ！

A　?.?.?

タメ　もう一度説明するぞ！　耳の穴、かっぽじってよく聞けよ！

ある日の昼下がり、一台のトラックが止まり、中から中年の女性が降りてきました。亡くなった元塾経営者の親族だと名乗り、「塾の備品は自分が購入したものだから持って帰る」と言うのです。タメからそんな話は聞いていません。だからといって、ここで抵抗するだけの理由もありません。タメの「形あるものはいつか壊れる。なくなったら買えばいいだけだよ」という言葉が脳裏をよぎりますが、理由のない怒りがこみあげてきて、私は女性と男性二人の行動をにらみつけているだけでした。

小一時間で作業は終了しました。トラックの荷台には、会議用テーブルと折りたたみ椅子、そして黒板が山積みされ、女性はひと言も発することなく去ってゆきました。残ったのは、学習塾ではなくなった広いリビングだけでした。

怒りが収まらない私は心の中で叫びます。

「私たちは、そんなヤワじゃないからね！」

数日後、「英数教室」の古ぼけた看板が下ろされ、新しい看板が取り付けられました。白地に真っ赤な「タメ塾」の文字。燃えているようで、それでいて包みこむように太くて柔らかい字体。通りすがりの人がこの看板を見ても、学習塾とは認知できそうにもない意味不明な名称です。

「子どものタメに命を張ることもいとわない学習塾」

そう、「タメ塾」の破天荒な歴史のはじまりです。

四一年の時を経て、『学習塾の可能性——福生・タメ塾の記録』が蘇ります。タメが何を考え、何をしてきたのか？　そして現在、本書に描かれている状況は改善しているのか、それとも何ら変わっていないのか……。ひょっとすると、改善どころか悪くなっていることがあるかもしれません。

社会を構成する一員として、そして、タメの後を継ぎ、「ＮＰＯ法人青少年自立援助センター」の専務理事として働いている私も改めて本書を読み直し、現代社会を読み解いていきたいと思います。読後にどのような感想を抱かれるのか、またその感想が「声」となって、社会に流布されることを願っております。

ユック舎、1982年

「決して、青くなかったタメが過ごした日々」を、じっくりと読んでください。

もくじ

第1章 タメ塾・教育の駆込寺　11

第2章　タメ塾の「優等生」たち　41

いまの社会と大人たちは、何と子どもに冷たいのでしょうか。この大人の冷たさが、残念でなりません。社会が一丸となって、子どもを心配しているようなポーズは横行していますが、それは見せかけだけであって、何も子どものためにはなっていないのです。それよりも無関心であったほうが、どんなにか子どもは幸福だろうかと思います。

「己自身を生きる」、「自分自身の価値を創造する」ことに力を注ぐ。「教育とは、ひたむきに子どもたちに接し続けることだ」と言う著者の信念は、八年間学校に行けない子どもを高校に入学させることに成功した。東京の西の端、基地の町、福生の学習塾、タメ塾の七年間の実践記録。

（旧版より）

写真「タメ塾」開講当時のメンバーとともに。

お断り

「復刻版まえがき」でも述べられたように、本書は『学習塾の可能性——福生・タメ塾の記録』（ユック舎刊、一九八二年）を復刻したものです。復刻に際し、一部表記方法などを変えましたこと、そして写真などを追加したことをお断りしておきます。

また、現代においては一部好ましくないと思われる表記がありますが、「弱者たる立場の人間の側に立ち、支援を継続する」（二六四ページ）という哲学のもと生き抜いた著者・工藤定次の「当時の思い」を尊重し、初版のままとしました。さらに、当時と現在では教育制度なども変わっています。教育関係者の方々にとっては自明のことでしょうが、［　］や注において簡単に補足しております。

これらのことを踏まえていただき、「うまく生きられないかもしれないけれども、『己自身を生きている』という実感をもって、生き抜いてゆくことの楽しさやしんどさを伝えたかった」（二五三ページ）という著者の「訴え」を読んでいただけたら幸いです。そして、すべての人が、今一度「教育」について考えていただきたいと思います。

さらば寂しすぎる教育——福生市・タメ塾の記録

プロローグ――ダメ人間宣言

「タメ塾」というのはもちろん通称で、「英数教室」という正式名称があります。よく人に聞かれます。タメ塾の「タメ」とはどういう意味ですか、と。これは私のアダ名であり、私の呼称にぴったりの名だと思っており、「ダメ」、「ハキダメ」、「コエダメ」などのにごりをとって「タメ」と呼ばれたのです。

私は「ダメ」と呼ばれるのが好きです。「ダメ人間」と思われていたいという願望が私のなかにはあります。周りの人にそのように思われていれば、「生きる」という行為に肩が凝らないからです。

子どもたちに、私は「己(おのれ)自身を生きろ」と言っています。この言葉は、私自身にも言い聞かせている言葉です。

「己自身を生きる」という短い言葉の「生きる」ことの難しさが、近ごろは本当に身に染みて感じられます。さらに私は言葉をつなぎ、「自分自身の価値をもって」と語っています。「己自身を生き」かつ「己自身の価値をもつ」ということは、今の社会においてはダメ人間という評価を少なくとも一度は経なければならないということでもあります。

ダメ人間というのは、何とも気楽なものです。周囲がダメ人間という価値を与えてくれればしめたもので、ダメ人間であるがゆえに自由な感性で生きることができます。周囲が、「あの人はダメな人だ」と思ってくれるわけですから、たとえ何かをして失敗したとしても、無視してくれたり、当然と思ってくれたりと、ほとんどの人が寛容な心を示してくれます。これらのことは、ダメ人間である私に大きな勇気を与えてくれます。失敗することを恐れず、自ら、思いどおりの行動ができるからです。

このことは、子どもにとっても大人にとっても大切なことだと思います。自らの思いを実践するということは、私たちが生きていくうえにおいて誠に重要で、そうすることによって自らの未知の事柄を知り、自らの未知の力と無限の可能性が知れます。その営為によって、「己（おのれ）自身を生きる」ことができる「己自身の価値をもち」、かつ「己自身の価値を創造」することができると思うのです。

ところが社会は、ほとんどの人が、他者に対して「ダメ人間である」という認識をもってくれませんし、無視もしてくれません。社会は、私たちに何かを期待してしまうのです。

そして、やっかいなことに、社会には常識というものがあります。この常識というのが曲者（くせもの）で、「己自身を生きる」ためにダメ人間になろうとするときに、この常識という壁にぶつからなければなりません。

ところが、最近になって分かったことですが、子どもはもちろん、ほとんどの大人たちが「己自身を生きたい」と願望しているようなのです。この話をすると必ず大人は、「しかし……」とか「それはそうだが……」という言葉を用意してしまいます。そこに「生きる」しんどさがあるのかもしれませんが、私はそこにすら、抵抗を試みて欲しいと思うのです。

子どもたちにそう思うからこそ私は、子どもたちに私が「己自身を生きている」ことと「己自身の価値をもっていること」を誠実に見せていかなければならないと思っています。そのためにも、「ダメ人間」という評価はありがたいことなのです。

さらに、私は子どもたちに「先生」と呼ばれることを拒否し、「タメさん」あるいは「タメ」と呼ぶことを強要しています。それは、私が「先生」という言葉が極度に嫌いであり、そう呼ばれることにテレがあるからです。

どうしても、「先生」という名称には管理者や権力者という響きがあります。そして、生徒と先生という呼称による壁をつくりたくないと思っています。今のところ、「タメさん」という言葉は、好意的に子どもたちに受け入れられているようです。

さて、私が「タメ塾」をはじめることになったきっかけですが、偶然でしかありません。ある知人が学習塾をやっていて、その知人が病で倒れてしまい、子どもの面倒を見ることができないというので、当時、大学の研究室にいた私が「一番ヒマそう」というので白羽の矢が立ちました。

その知人は、半年ぐらいで快方に向かうとのことでしたので、私はあくまでもお手伝いのつもりでいましたが、間もなく知人は他界してしまいました。学習塾にいる子どもを置き去りにして去るというのも忍びなく、また、子どもたちのなかに「障害児」がおり、私自身がその子どもの存在が気になり出したころでもあったので、せめてその子どもが高校に入学するまでは続けようと思ったのが「タメ塾」を本格的にやろうとしたきっかけでした［xiページ参照］。

そんなわけですから、「学習塾をどうする」といった方針も何もありませんでした。急きょ、やるからには方針を立てなければならないと思い、基本線を考え

二等辺三角形について教えるタメ

ました。

❶子どもと徹底して付き合うこと。
❷単なる進学塾にはしないこと。
❸富める者からは金をとり、貧乏人からはとらないこと（授業料に格差をつける）。
❹これらを達成するために、❶〜❸の条件を承認しない者はスタッフとしないこと。

以上の四点を基本線とすることにしました。今思えば、何としんどい道を選択したことかと思います。どれもこれも大変なことだと気付くのは、子どもたちと付き合ってゆくなかで見えてきたことです。❶と❷については、本論の実践のなかで理解していただきたいと思います。❸については、三つの意味で大変なことです。

一つには、保護者の方々にいかに理解していただくかということです。それは、入塾に際して必ず保護者に同席してもらい、その主旨を納得してもらえるまで説明するといった努力をすること。その主旨が納得されなければ、入塾を断わることにしています。

比較的富める人々には問題はないのですが、貧乏な人からすると、「授業料で教える内容などが異なるのではないだろうか」という心配が当然のように生じます。この心配を取り除くために、全カリキュラムを発表することと、家庭との連絡のため、その日にやった内容を伝える「連絡用ノート」をつくり、担当者が毎日記入することで何とか乗り越えてきました。タメ塾では集団授業のほかに個人授業があり、主に個人授業でその努力がなされています。

二つには、授業数で格差をつけたことでスタッフの給料に影響が出てきました。集団の授業ではよいのですが、個人の授業ではその時給に格差があるために、個人が増えれば増えるほど圧迫が激しくなるのです。分かりにくいと思いますので、タメ塾の給与体系を示したいと思います。

(イ) 集団、一時間一六〇〇円
(ロ) 個人、一時間七〇〇円
(ハ) 特別個人、一時間五〇〇円
(ニ) 特別集団、一時間七〇〇円

[一九七七年当時のことです]

全スタッフと討論を繰り返す

特別個人というのは、授業料が払えない子どもを受けもつ場合や「障害児」を受けもつ場合で、特別集団というのは、どうしても集団ではついていくことができず、私たちの判断で特別に授業を増やす場合のことです。ですから、(ハ)と(ニ)が増えると、同じ時間を教えていても、どうしても給料が少なくなってしまいます。(ハ)と(ニ)が急激に増加し、思いあまって私は全スタッフで討論をしました。そう、❸の条項の廃絶についてです。

ところが、❸を廃絶してしまうとタメ塾の根幹が崩れてしまうことになります。本当に手をかけなければならない子どもを排除してしまうことになるからです。そのとき、私はある決心をして討論に臨みました。

万が一、❸の条項を廃絶しようと一致したならば、「タメ塾をやめてしまおう」と思ったのです。しかしながら、全員一致で❸の条項の廃絶は拒否されました。とはいえ、給料への影響は大きく、スタッフみんなで知恵を出しあっているところです。

三つには、給料に影響が出てくるわけですから、必然的に経営にも影響が及んできます。今のところ、借り入れ、あるいは私のサイドビジネスで補っている状況です。

ですから私は、何度タメ塾をやめてしまおうかと思ったことでしょうか。ですが、それを食い止めようとしているのは、タメ塾を必要としている人間の渦なのです。すべてを無にして塾を機能停止するには、地域に深く根づきすぎてしまったようです。

第1章

タメ塾・教育の駆込寺

笑顔で教えるタメ

私が七年近くタメ塾をやってきて、そのなかで子どもたちと付き合いながら思っていることは、今、公教育の現場で問題とされているほとんどの事柄がタメ塾にもちこまれているということです。

これから述べようとするタメ塾の子どもたちの姿は、教育・学校の現在の姿を投映していると思います。今、社会的に「大問題」とされていることの一つに子どもの「非行」という問題があり、二つには、昨年［一九八一年］が「国際障害者年」ということで関心がもたれはじめた障害児（者）の問題があり、三つには、子どもの進路・進学をめぐっての問題があります。どれ一つをとっても大きな問題にちがいありませんが、大人社会が勝手に「大問題」にしてしまっているフシもあるように思われます。

わがタメ塾では、この三つの問題に深くかかわり続けてきました。これらの問題についての、タメ塾の乏しい経験を知ってもらい、現在の教育・学校をめぐる問題の核心がどこにあるのか、その一端でも理解していただければと思います。

▼•「非行」ってなに？

学習塾をやってきて「非行」という問題について考えさせられる機会が多々あるほか、「非行」の現場にも少なからず立ちあいます。この問題で私がいつも思うのは、「非行」の範囲が、私の時代や私の親の時代よりも随分と広くなってしまった、ということです。昔は、「非行」という言葉の幅はもっと狭かったのではないかと思うのです。

私は、タメ塾で「非行を考える」という主旨でシンポジウムを開いたことがあります。そのなかで、印象に残る言葉を教育評論家の遠藤豊吉氏［一九二四～一九九七。二四八ページ参照］が語ってくださいました。遠藤氏は、自らの戦争体験のなかで特攻隊［太平洋戦争中、日本海軍によって編成された特別攻撃隊の略称］に志願したことをとうとうと述べ、そのときの思いを次のように語ってくれました。

「生きていくなかで、非行と言われるものがあればたった一つ、自死ということです。それ以外に非行というのはないと思います」

この言葉を聞いて、私は「なるほど！」と思ったのと同時に、遠藤氏の人間としての広さを感じました。

世間で言われる「非行」、たとえば校内暴力とか集団暴行、タバコ、酒、シンナー、盗みなど、子どもたちの「遊び」（大人になるための行為）、すなわち昔で言うところの「わるさ」と、明らかに「わるさ」の範囲を超えたものを同一視してしまい、よってたかって「非行」にしてしまっているように思えてなりません。

私は、遠藤氏とは少し異なった捉え方で「非行」と「わるさ」を区別しています。万が一「非行」と呼ばれるものがあるとすれば、他人の生命と財産、自分の生命を危くする行為だと考えます。たとえば、タバコ、酒とシンナーは、明らかに私のなかではその行為を区別して考えています。とくに、酒やタバコというものは、大人たちが日常的に飲み、かつ吸っているものですから、「なぜ子どもたちだけに悪か」という合理的な説明がしきれません。

だからといって私は、酒を飲むこと、タバコを吸うことに賛成しているわけではありません。酒を飲んだり、タバコを吸っているというだけで非行に走っているというような考えをして欲しくないだけです。

シンナーとタバコや酒との違いは、シンナーは自分の肉体を極度に悪くさせるだけでなく、幻想を起し、他人に危害を加える可能性が大きいのです。また、シンナーは自己の抑制力をなくしてしまい、意志とは別の行為を極端な形で表してしまいます。ですから私は、シンナーだけは子どもたちに厳しく禁止し、その行為を見つけたならば殴ることもあります。

シンナーを吸うことと、タバコや酒のもう一つの違いは、タバコや酒は、「大人ぶる」とか「大人びる」という背伸びの一種であり、「わるさ」の枠内のものですが、シンナーはこの範囲の外にあり、遠藤氏の非行の捉え方のように、自死にまで至ってしまうものですから、明らかに酒やタバコとは区別されて考えられるべきものです。

▼・暴力の世界

校内暴力――生徒が先生を殴る、あるいは生徒同士で殴りあう。一方的に、一人の生徒を多数の生徒が殴りつける。上級生が下級生を、上級生という理由だけで殴りつける、学校の備品や校舎を破壊する、といったことが挙げられます。

校外暴力（家庭内暴力）――子どもが母親を、あるいは稀に父親を殴りつける。逆に、親が子どもをわけもなく殴りつける。兄弟同士が傷つけあう。集団でほかの学校の子ども同士が殴りあう。集団で、何もしていない子どもを殴りつける。

いろいろな暴力の形があります。しかし、ここで少し考えてみませんか。暴力というものは、一方が必ず悪であるときにだけ行使されるものなのでしょうか。あるいは、殴るという行為だけが暴力なのでしょうか。おそらく、いろいろな理由があり、いろいろな形の暴力があり、いろいろな表現がそのなかにあるのではないでしょうか。

「校内暴力」と呼ばれるものの種類は述べましたが、それは二つの質に分類されると思います。多少不謹慎な言い方をすれば、一つはレクリエーション的な内容を含んだものです。

一方的に一人の生徒を多数の生徒が殴ったり、上級生が下級生を殴るという行為のほとんどの場合がレクリエーション的な色彩が濃いもので、サディスティックな色彩を含んだりしますが、これは紛れもなく「暴力」と呼ばれるものです。多数の力で少数の者を殴ったり、上の者が下の者を殴ったりするという構図は、実は社会的なもので、大人はこのときにこそ真剣に暴力を振るう子どもと付き合い、その非を悟らせなければならないと思います。

私も、このレクリエーション的な暴力に対しては厳しく子どもに接します。なぜなら、それは暴力であり、社会の悪しき形態だからです。それは、ケンカとは区別されなければならないと思います。ですが、今の社会の風潮では、レクリエーション的な暴力と混同され、すべてが「暴力」というひと言でくくられてしまっています。

たとえば、A君とB君が、何かちょっとした感情のいき違いとか、言葉のいき違いから殴りあったり、スポーツをやっていて、足を蹴ったの蹴らないのといった人間と人間の争闘(そうとう)は、明らかにケンカという単純なもので、社会的な関係とはほぼ無縁です。このような行為は、暴力と区別されなければならないと思います。

そして、校内暴力にはもう一つ、生徒と先生という関係でも成立します。それも、二つに大きく分けられると思います。一つは先生が生徒に振るう暴力。もう一つは、生徒が先生に振るう暴力です。

先生が生徒に振るう暴力を一般的に悪だという見方を私はしていませんが、かといって、「愛のムチ」と呼ばれる暴力も肯定しません。先生が、先生という地位を背景として殴るという行為はまちがいなく暴力です。

人間とは奇妙なもので、ある人が警官の職に就き、制服を着た途端、一般の人々よりも権力をもった人間であるかのような錯覚をしてしまい、横暴になってしまう。別の人は、先生になった途端、生徒を管理する人間という錯覚をしてしまい、ケンカなどをしたこともなければ、他人を一度も殴ったことのない人間が簡単に生徒を殴ってしまったりする。もちろん、すべての人がそうだとは言いませんが、多くの人々にその奇妙さが見られるように思います。

殴るだけが暴力ではありません。子どもがちょっとしたいたずらをしたり、授業中に騒いだりすると、「内申書に響くぞ！」といった言葉の暴力もあります。子どもたちにとって、今や高校に行くことが当然のようになっています。その切り札が先生の手のなかに握られているわけですから、これらの言葉は明らかに暴力となります。

この切り札は、高校に進学せず、働くという子どもにも暴力となります。こんな言葉を吐く人は何とも哀しい先生だと言えます。「内申書」という脅しの言葉以外に、子どものいたずらや騒ぐ行為を叱ったり、静めたりすることができないわけですから……。

また、子どもが何か悪いことをやっているのではないか、やるのではないか、という「疑心」なども暴力です。あるいは、「ひいき」といった行為も当然のように暴力です。

私には、言葉の暴力や地位による暴力のほうが卑劣に思えてなりません。先生とて人間です。

本当に腹が立ち、殴ってしまうことだってあることでしょう。しかし、殴るからには、先生と生徒のなかに愛情と信頼が相互に存在していなければならないと思いますし、それさえあるならば、「殴る、殴られる」といった行為はさほど問題ではありません。それには、絶対的な相互の愛情と信頼が基本となっていなければならないのです。

時に私は、校内暴力について塾の子どもたちに尋ねています。ほとんどの子どもが、「先生を殴るのも悪いけど、殴られる先生だって悪いよ」と言っています。

そして、殴られても仕方のない先生がいることを、止めどなく話します。子どもたちが教室でいかに抑圧されているか、先生がいかに抑圧しているかが分かります。その先生たちのほとんどが、先に述べたような言葉の暴力を振るう人なのです。

とはいえ、一方的に先生が悪いというわけではありません。ほとんどの場合、私は子どもの立場に味方をするようにと考えていますが、どうしても子どもが悪い、悪いというよりは、子どもということに甘えている、と思わざるをえないこともあります。

それは、子どもであるということを最初から計算して先生を殴ったりする場合です。あるいは、「決して先生は殴り返せない」という建前を盾にとって子どもが行動する場合です。また、先生だって平気で殴れる、という威を仲間に張るためだけに殴ったりする場合も同じです。このようなことは、いかにも子どもの立場に立って考えようとしても許されるものではありません。しかも、ほとんどの場合、子どもたちは集団でそれを試そうとします。

▼・親を忘れた大人たち

非行とは少しずれますが、普段私が考えているこの問題の周辺を少し述べてみたいと思います。今の小学校高学年、あるいは中学生の子どもをもつ親の年代は、三五歳から四五歳ぐらい、私の年齢よりも三~四歳上か、それ以上だと思います。ものの見方や考え方、それよりは「時代」として、さほどのズレがないように思える年代の人々です。私が小学生のころに、中学生か高校生であった人々だと思います。テレビが一般家庭にぼちぼち普及しはじめるころでした。

当時［昭和三〇~四〇年代］のテレビ番組は――少し記憶が薄れているので、前後の正確さはありませんが――『名犬ラッシー』、『パパ大好き』、『アニーよ銃をとれ』、『ローンレンジャー』、『怪傑ゾロ』、『幌馬車隊』、『名犬リンチンチン』、『忍者部隊月光』、『琴姫七変化』、『鉄人28号』、『鉄腕アトム』などが放送されていたと記憶しています。ラジオ番組で覚えているのは、『まぼろし探偵』、『一丁目一番地』などだと思います。

即席ラーメンが出はじめたころで、「雨が降ってる日曜日、坊やドロンコなぜ泣くの。あそこの角で転んだの。どうしてそんなに急いだの。明星即席ラーメン、パパと一緒に食べたいの」というコマーシャル・ソングが鮮明に記憶に残っています。

「貧乏人は麦を食え」［一九五〇年一二月七日の発言］で有名な池田勇人元首相［一九二四〜一九九七］がテレビで「私は嘘は申しません」と語っていたころのことです。

私はテレビを見ながら、正直なところ、羨ましいと思ったことがあります。それは、『名犬ラッシー』とか『パパ大好き』といったアメリカの「ホームドラマ」と呼ばれるものを見たときに、とくにそう思いました。

朝、昼、晩の食事の豪華さ。食事のときの楽しそうな風景。週末ともなれば、家族で出掛けるハイキングやピクニック、ドライブ。家庭で何か問題が起こると、家族全体で話し合って解決してゆくという姿。テレビに映し出される一つ一つのシーンが本当に羨ましいものでした。

それらと比べて自分の家庭ときたら、父親がたまにいるときの食事の重くるしい雰囲気。家庭内でのほとんどの問題は父親の決定、という暗黙のルール。母親や子どもたちを平気で殴りつける父親。家族で出掛けることなどがほとんどない家——その違いは歴然としていました。

私は、このころに思いました。もし私が家庭をもったら、家族で何でも話し合い、絶対に殴ったりせず、たまにはハイキングやピクニックなどに行くような、そんな優しい父親であり、家庭でありたい、と。ひと言で言ってしまえば「民主的な家庭」ということです。

私のような感じ方をした人が、少なくないと思います。そのような思いを少なからず抱いた人々が、今、子どもの親になっているのです。私には、どの家庭も、そのほとんどが民主的な家庭のように見えます。それが、私の接触した親に対する実感です。

毎年、私は子どもたちに聞いています。「お父さんとお母さん、どっちが好き」と。すると、子どもの七割以上が「お父さん」と答えます。その理由のベストスリーは、①優しい、②何でも買ってくれる、③小言を言わない、というものです。ほとんど毎年、「お父さんが好き」という割合は変わりませんし、その理由は不動のものですから、本当に今の父親は優しく、何でも子どもに買い与え、小言もほとんど言わないのでしょう。

もちろん、地域差などで若干の違いがあるかもしれません。しかし、これがほとんどの家庭の父親の実態だと思うのです。このことについて、私はいろいろと考えています。

いったい誰が、子どもに本当の優しさ、というか「厳しい優しさ」というものを教えるのだろうか。いったい誰が、子どもに価値の判断を教えるのだろうか。いったい誰が、子どものわがままや本当の甘えの姿勢を正すのだろうか。いったい誰が、子どもに自立の力をつけさせ、自立の厳しさを教えるのだろうか。

一つ一つについて、考えこんでしまいます。優しいことそれ自体は何ら悪いことではありません。ですが、他人に優しくするということは実に厳しいものではないでしょうか。そして、家族に対しても優しいということは難しいことだと思いますので、何か一つ心にひっかかります。人に優しいということは、多少でも「自分を捨てること」だと思うのです。

ところが、子どもたちとその両親を見ていて思うのですが、自分を多少でも捨てたこの優しさというものにあまり出合ったことはありません。どこか平面的で、外見的のような感じがします。私が出合った一つのエピソードを紹介します。国鉄［現在のＪＲ］のある駅のホームでの出来事でした。

小学一、二年生の男の子が何か悪いことをしてしまったのでしょう。まさに、父親に殴られようとしているところでした。ホームにいる人の眼は、その父親と子どもに注がれていました。私は正直、こんなところで殴ったら危ないなと思いました。殴る力が強く、万が一子どもが倒れたりすれば、下はコンクリートで、頭を打ったりすれば大変なことになってしまいますし、もしよろけて線路にでも落ちてしまったら命にもかかわります。

しかし、注意して見ると、父親の片方の手は今まさに殴ろうとしているのですが、もう一方の手は子どもの頬をしっかりと押えているのです。この父親の子どもへの優しい心配りを私はほほ笑ましく思い、一人ニコニコと見ていましたが、周囲の人々は、何と残酷な父親だという顔をしていました。

なぜ、私がニコニコとして見ていられ、なおかつ父親の優しさを思ったのかといえば、片方の手で子どもの頬をしっかりと押えていたからです。そうすれば、子どもは殴られてよろけることもありませんし、線路に落ちるといった心配もありません。もう一つは、殴りどころが悪くて、子どもの鼓膜を破るという心配もないのです。このような叱り方のなかに、本当の優しさがあるのではないでしょうか。

▼・子どもの「自立」をどうするか

子どもの自立ということに関しても同じことが言えると思います。私たちや、私たちよりも上の年代の人の自立というのは、家あるいは家族、父親から離れ、自分一人の力で生き抜くというものでした。そこには少なからず、それらへの「見切り」という感情があったと思います。「一人前の男」というものは、自分はもちろん、自分で築きあげた家族を養うということが、すなわち眼で見ることのできる「自立の姿」だったと思うのです。

時代が変化し、家の重みや社会の重みも変化したのですから、感情や「見切り」も違ってきていると思います。今以上の素晴らしさを求めてとか、より以上の目的をもってとかになったとしても、別段、私としては憂(うれ)いをもつことはしません。けれども、今の子どもと親は、家族関係内での「自立」(本来は自立とは言えない)というスタイルを考えている人が多いようです。

笑い話みたいなことですが、四十代の父親数人と話したとき、ある父親が娘の自立(娘さんは一八歳で、ある専門学校生でした)ということについて話しはじめました。娘さんは、「一八歳になったのだから家を出て生活をしたい、一八歳にもなれば親から自立するのは当然だ」と言ったというのです。

最初、父親も母親も反対だったのですが、何度かの話し合いのあと、女性の友人と一緒ならば、電話で毎日家に連絡をするのであれば、ということで許したというのです。

さらにその人は、「子どもが自立するという気持ちをもってくれて非常に嬉しかった。でも、今の娘はちゃっかりしていて、アパートを借りるお金や、電話を設置するお金、そして土曜日には帰ってきて、家から小遣いだの食料だのと持っていったりしている」と言っていました。

物分かりのいい父親だということを強調したいのでしょうが、何とも締まりのない話を聞かされました。

私は笑いを必死にこらえながら、まったく「お目出たい話」だと思ったのと同時に、この四五歳の父親の考える娘の自立というものに、何か寂しさを感じてしまいました。私からすれば、この父親は、まんまと一八歳の娘にいいようにだまされてしまったのです。「自立」と称して、実は監督されるのを嫌い、自由に遊びほうけたいだけだったのでしょう。

これに似た話を、よく子どもたちがしているのを聞きます。

「お父さんやお母さんは、遊んで遅くなったりすると、ブツブツ文句ばっかり言ってうるさくてしょうがない。小さいことにまでうるさくて、たまったものではない」と、両親の悪口をたっぷりと言っています。

私が、「そんなに文句を言われるのが嫌なら、家を出て働いて、アパートでも借りて自立すりゃいいじゃん」と言うと、「アパートなんか借りて一人で住んだらお金がいっぱいかかって、遊べなくなっちゃうじゃん。それより、家にいれば三食食べられるし、家賃は払わなくていいし、働いた分は全部自分で使えるじゃん。それを考えると、バカバカしくって家を出る気になんてなんねえよ」と返してきます。

こういうことを、平気な顔をして言うのです。なるほど、彼らの言うことはそれなりに理にかなっています。自立するということの苦しさみたいなものは、自立している友人や知人の話で知っているようです。その苦しさは、金銭的な意味におけるもののようです。たぶん、前述した父親の例のように、アパート代を出してくれたり、食費を出してくれたりすれば、喜んで家を出たいと思っているにちがいないのです。

もう少し考えてみますと、父親や母親の小言も、実はあまり大したことがないようです。「うるさい、うるさい」という言葉を連発しながらも、結局は、家のほうが一人で社会に出るよりは楽だ、と思っているのですから……。

これらのことを実際に見たり、聞いたり、接したりしていますと、「甘えの構造」のなかにいることがよく分かります。自立はしたいが、決して苦しい思いはしたくない。苦しい思いをするくらいなら、家にいて小言を我慢しながら生活しているほうが楽。そうしていれば、いつか親が何とかしてくれると思っているようです。もちろん、すべての子どもがそう思っているとは言いませんが、そういう子どもが確実に増えていることだけは確かなのです。

▼・大人社会の子どもたち

価値の判断力を誰がどう子どもにつけるのか、ということを考えてみたいと思います。ちょっとずれるかもしれませんが、心に残っている話を一つ紹介したいと思います。先に紹介した遠藤豊吉氏［一三ページ参照］が小学校の先生をしていたときに体験した話です。

小学校では雨が降っているときなど、危険でない室内で遊べる道具を持ってきて遊ぶことが許されていると言います。その日も雨が降って、子どもたちは室内で自分の持ってきたトランプや将棋などで遊んでいたそうです。耳をすまして聞くと、ジャラジャラ、ジャラジャラという音がする。あれは何だろうと考えてみると、それは紛れもなく麻雀をしている音なのです。

職員室で休憩していた若い先生が、どうも自分のクラスらしいというので見に行って、子どもたちから麻雀の牌を取り上げた。その牌は、象牙でできた立派なものだったそうです。けれども、取り上げたはいいが、禁止の理由をどのように子どもに説明し、取り上げた牌を返すのかという段になって、先生方はすっかり考えこんでしまった。

普通、考えられそうな理由は、バクチに使われやすいからということなのですが、それならばトランプや花札もそうですし、将棋だってバクチに使われることがあります。しかも、「危険な遊び」という範囲にも引っかかりません。

遠藤氏は少し考えて、「麻雀というゲームは、少なくとも一ゲームが終わるのに一時間ぐらいかかる。学校の休み時間中には終わりきれないからやめなさい」と言ったらどうだろうかと考えたそうです。若い先生は、この遠藤氏の言葉どおりに説明をしたら、子どもたちはそれなりに納得したそうです。

私は、遠藤氏のこの発想に感心をすると同時に、遠藤氏のものの見方、考え方の豊かさを感じました。私たち大人は子どもに対して、遠藤氏のような豊かな言葉をもたなければいけない、と思ったのです。

麻雀を禁ずるのに、バクチ性が強い、健康によくない、といったありきたりの言葉では、真に子どもたちを納得させられないと思います。もちろん、教師という立場から強引に禁止することも不可能ではありません。けれども、それでは麻雀は陰湿な遊びであるというイメージを子どもたちに植えつけてしまいますし、教師の側にも割り切れなさを残してしまうと思うのです。

タバコやお酒などに関しても、同様のことが言えると思います。未成年だから、法律に違反するから、といったところで、未成年は百も承知のうえで吸ったり飲んだりしているのですから、未成年だから、法律違反だからと言ったところで、何ら効果がないのは当然です。

もう一つのエピソードは、フリールポライターの小坂橋氏［詳細不明］のレポートの中に書かれていたものです。要約しますと、小学生の子どもがお母さんのサイフから二万円という大金を盗んでしまったそうです。その子どもに盗みの悪さとお金の大切さを教えるのに、その家庭では、すべての電気、ガス、水道などを完全に止めてしまい、明かりのない家で炊事も洗濯もできず、もちろんお風呂にも入れない、という状況をつくり出し、子どもが自分の非を悟るまで両親は頑張ったそうです。

私は、この両親のアイデアと決意、子どもを愛する気持ちに頭の下がる思いがしました。私たち大人というものは、子どもを養うということは、何となく誰しもができてしまうことだと思いこんでいます。けれども、子どもを育てるということは、努力と根気を必要とするもので、ある決意を必要とするものだと思うのです。さらに言えば、大人が自らの体験やものの見方、考え方を親としての独自の「言葉」と「行為」で子どもに接し、価値の判断力をつけるようにしなければならないと思うのです。

ちょっと回りくどい説明ですが、これらの行為の積み重ねが、子どもたちを非行という、「悪さ」とは区別された行為から遠ざけるものになるのではないかと思います。これは一朝一夕に成し遂げられるものではなく、大人たちの日々の努力と根気にそのほとんどが委ねられていると思います。

▼●「生かされる」から「生きる」へ

障害児（者）に関することを書くのに際しては、私の頭の中にさまざまの想いが浮かびました。私の未熟さゆえに、障害児（者）に関して、誤った認識を人々に植えつけてしまうことも、また差別の状況をある意味で拡大してしまう恐れすらあります。しかし私は、あえて書くことにしました。

私が何年間か障害児（者）と付き合い、そのなかで考え、思ったことですから、たとえそれが批判の対象となろうとも、私自身のためにその批判をバネとして、さらに成長をするために、私の考え、想いをなるべく忠実に表現していこうと思っています。さらにもう一つの決意は、今後とも付き合いを絶対に放棄しないということです。

タメ塾をやりながら常に思っていることがあります。それは障害児（者）にかぎらず、あらゆる子どもに「生きる力を身につけて欲しい」ということです。障害児（者）と接してきて、とくにその思いを強くしています。障害児（者）にとって「生きる力」とは、経済的に自立し得る力ということです。言葉で言ってしまえば簡単なことですが、これには非常な困難を伴うと思います。しかし、あえて私は、この困難な課題に暗中模索ながら挑戦してみようと決心しました。それは、「どう食っていくのか」、「どう食えていくのか」という具体的なことです。

子どもたちも成長し、いよいよ子どもたちが社会に出ていかなければならない年齢になってきます。とすると、どうしても突き当らざるを得ない問題として、「どう食っていくのか」、「食えていくのか」ということが出てきます。普段から塾をやっていく基本を「生き抜く力を身につける」としているわけですから、障害児（者）と付き合う場合、「食う」という行為まで付き合わなければ私の基本姿勢を崩してしまうことになります。

「そこまでは」とか「それからは」とか考える人も大勢います。これは大きな問題ですから、政治が、親が、と考える人もいるかと思います。しかし私は、その考え方にはどうしても賛成できないのです。いや、賛成できないというよりは、はっきりと反対せざるをえません。

子どもは、いずれ自立をしなければなりません。障害児（者）も決してその範囲外ではありません。障害児（者）の場合、とくに自立は、即、経済的となります。しかし今日、多くの障害児（者）は恩恵によって「生かされている」という状況のなかにあると思うのです。けれども、この状況は障害者の側に「責」があるわけではありません。ほとんどは、健常者である私たちにその「責」があるのです。

すべてを語れるほどの力は私にはありませんが、少なくとも私が付き合ってきたなかでのことに限定して述べれば、「生かされて」いる状況を何とかはねのけ、「生きている」という状況をつくり出そうと考えています。

いま考えていることの一つに、私の地域に、障害児（者）と健常者の共同の作業場を造ろうという構想があります。しかもそれは、私たちと障害児（者）だけの手によって、というものです。すなわち、国や市町村の助けを借りずということです。

どういうものかと言いますと、作業場を株式会社形式にして、障害児（者）またはその親が五一パーセントの株を持ち、残りの四九パーセントの株を健常者が持つという方式です。なぜ株式会社かというと、あくまでも「営利を目的とした会社」という考えがあるからです。営利を目的とし、その営利によって社員が給与の配分を受け取り、その給与によって生計を立てていくということです［詳細は「復刻版あとがき」を参照］。

いろいろな問題が生じてくるであろうことは予想されますが、私はあくまで障害児（者）も、自らの手によって自らの生計を営むということが絶対に必要であると確信しています。それが「自立する」ということだからです。予想される困難を克服しないかぎり、前進はありません。しかもそれは、社会と密着したものでなければ意味がないと思います。

労働省［現厚生労働省］などで、いろいろな施設を造り、いろいろ試みたりしていますが、それは国の政策に則った方法であり、あくまで国の主導ということになります。それを批判しようとは思いませんが、国の力を借りて生計を立てるというのは、真に「自立した」とは言いがたいと思いますし、さらに、国にそれらのことを委任するということは、一般の会社に障害児（者）

の雇用をサボらせることにもなります。そして、一般の会社から障害児（者）を隔離してしまうという結果にもなってしまいます。

私は、さまざまな人たちにこのプランを話してみました。そのなかには、友人の障害者もいますし、さまざまな状況の人々がいます。しかし、そのほとんどが意外な顔をし、その困難さを口にしました。私は、どうしてもこの意外な顔が理解できません。私からすれば、会社形式という発想があまりないほうがおかしいと思うのです。長い年月、障害児（者）は生きてきたのです。それなのに……です。

「生きている」ということと「生かされている」ということは明らかに違います。それは、「食えている」ということと「食っている」という違いです。私は、自然に「生きて」かつ「食っていく」ことが必要だと思っているのです。

私たちは、ささやかながらその準備にとりかかりました。一つは、多くの人々に呼びかけを行うこと。それと同時に、実際に「食う」ための仕事を行っていることです。やれるのかどうかというより、「やり抜く」ということで頑張るつもりです。それは、障害児（者）と共に生きることの、一つの実践となると思うからです。

▼・明日が壁の子どもたち

子どもたちの進路というと、大きくは二つに分けられると思います。一つは「進学」ということであり、もう一つは「どう生きるか」、すなわち「就職」を含めて、自ら生計を立てていくことです。

まず、進学ということから考えてみたいと思います。私は、子どもたちによく言っています。

「入試がある以上、高校に行きたいと思うならば勉強をしなきゃいかん。別に、勉強ができるから良いとか悪いとか言うんじゃなくて、勉強ができる、できないっていうのは、ほんのちょっぴりしたことなんだ、『生きる』ということに比べれば。それでも、勉強をしたほうがいい。なんでかというと、たとえばA校に行きたいと思ったら、Aも、Bも、Cも、Dにも行けるけど、俺はA校を選んだんだって言えるだろう。それは大事なことなんだよ。別によい学校に行けとは言わな

熱心に授業を受ける子どもたち

い。良いとか悪いとかなんて、自分にとってというだけの意味でしかない。他人とか親なんて関係ないんだよ。だけど、本当はA校に行きたいんだけど、B校にしか行けないというんじゃよくないよ。なんでよくないかっていうと、自分の意志に反してるからだよ。お前ら全員、自分の行きたい学校に行けばいい。力がないって思うんだったら、力をつけりゃいいんだよ。努力すりゃ、誰だって力がつくんだから……」

本当に、私はこう思っています。今の社会では、ほとんどの子どもが高校に行きます。高校に行くだけが人生ではないと思いますが、私は子ども自身が本当にそう思うのなら別ですし、子ども自身が何ら目的ももたず、ただ働く、すなわち金を儲けるために働くのには反対します。なぜなら、働いてしまうと同年代の子どもとの付き合いが難しくなるからです。そして、子どもにもう少し「生きる」ことについて考えて欲しいからです。

もちろん、働いて、働きながら生きることを真剣に考えている子どももいます。しかし、ほとんどの場合、働くことがきつくて、日々の生活に追われ、考えるゆとりがもてないのです。つまり、時間がないのです。ですから、そのための時間を得るために、できれば高校に行って欲しいし、友達を得るためにも高校に行って欲しいと思っています。

私自身が、一度高校に入り、その高校を辞めて働き、もう一度高校に入り直した経験があるからかもしれませんし、社会に出て、高校に入りたいという子どもと付き合ったり、高校に行かなかったり、行けなかったり、辞めてしまったりした大人や、子どもの無念さと付き合っているからかもしれません。

私は、俗に言う「高校ぐらいは行かなきゃ、今の世の中……」ということは考えていません。ほとんどの子どもが行っているからとか、今の世の中では、ということではなく、本当にその子どものためになると思っているからです。子どものためというのは、友人と出会い、「生きる」ということについて考えられる時間があるということです。それ以上では決してありません。

ですから、そこには一般的に言われるような「よい高校」という枠はありません。子ども自らが選べばいいのです。しかし、問題となるのは、子ども自らが選ぶということが実に困難であることです。それは、選ぶという行為のなかに親の思惑や教師の思惑が入りこむということであり、さらに、子ども自らが選ぶという作業をサボったり、放棄することが多々あるからです。

親の思惑、これは大きな問題です。さらにもう一つの問題は、学校の教師による思惑です。教師の思惑の最たるものとして、子どもの希望を差し置いての「安全」あるいは「安全な進路」という押しつけがあると思います。進路の決らない子どもを出したくない、という教師の思いも分からないではありません。ほとんどの子どもの進路が決定したあとに、少数の子どもの進路が決定していないとしたら、その子どもは寂しい思いを抱くでしょう。その意味では、理解することが十分にできます。

しかし、逆の場合も考えられます。不本意な学校の受験を押しつけられ、それに従ったゆえの寂しさ、です。それに伴う高校入学後の問題が残ってしまいます。そして、この問題が、現在深刻な状況を呈しています。

A校とB校を単純に比較して、「A校よりB校のほうが安全だから受けなさい。受けなければ落ちても知らない」という言葉は残酷です。「安全」という名のもとに、子どもの意志は切り捨てられてしまいます。

とはいえ、「安全」が必ずしも悪であるとは言い切れません。それは、子ども本人にとって、A校でもB校でも入学する価値がほぼ同一である場合があるからです。その場合、本人に余計な負担をかけるよりは「安全」を選ばせることもまた必要であると思います。

しかし、極端な場合、子どもがどうしても工業系に向いていないにもかかわらず、普通校の進路の希望を変更させ、工業系に「安全」という名のもとに受験させたりしています。工業高校に入学させ、いったい子どもに何をさせるつもりなのでしょうか？　子どもの将来や子どもの資質はいったいどうなるのでしょうか？　入学させればよい、入学さえできればよい、と考えている教師が、私の知るところでも少なくありません。

私も「万が一」を考えないわけでは決してありませんが、それでも受験させる場合が少なからずあります。私は子どもを受験させる場合、子どもに「万が一」のことを考えさせ、共に話し合うことにしています。そして、その子どもと、どのような形であれ付き合いを継続する約束をするとともに、自分がその決心をします。「安全」を考えるよりも、「万が一」のことがあっても受験をさせたほうがいい子どもが大勢いるのです。

本人が受ける意義を自分に課している場合や、そこでなければ辞めてしまう危険性のある場合、また、そこに合っていると考える場合があるのです。

なぜ、「万が一」の危険を冒してまで私が無理を強いるのかと言えば、意に反した高校に入学した子どもの辞める率が非常に高いことや、荒れてしまう子どもが多いという事実があるからです。この事実が、私をして「万が一」をも覚悟させ、私も覚悟して、子どもの意志を貫き通させる場合も多々あります。辞めるのであれば、最初から別の道や、別の高校を受験させたほうがよいと考えています。

ただ単に「安全」を求めるのは、教師の怠惰以外にないと思います。子どもの存在がそこにはない、という一つの理由と、その後の付き合いを放棄するという姿勢が垣間見えるからです。「子どもと教師がとことん付き合う」という原初的な事柄でこれらの問題は克服できる、という私なりの確信があります。

教師は、自らの思惑を捨て去るべきです！

もう一つ、進路に関して大きな問題があります。「生きる」ということに関してです。これは、何も入試という目前の事柄ではなく、人生ということにおいて重要な問題です。この点について子どもと考える場合、教師や私たちを含めて、子どもと付き合う機会の多い人間にとっては、自らの哲学、すなわち「生きる姿勢」というものを自らが真剣に考え、ある種の結論的なものをもっていなければならないと思いますし、さらに、その哲学に沿った生き方を実践していなければならないと思います。もちろん、己(おのれ)に対しての自戒を含める場合が多々あると思います。

ある種の結論的なものを「生きる」ということに関してもっていなければならない、と述べましたが、私たち自身にとって、本来的には結論などというものは導き出しにくく、しかも毎日思い悩むことが多いために難しく、到底、結論は出せないでしょう。しかし、子どもに対応するとき、つまり子ども自身が悩み抜いているときには断定を下してやらなければならない場面があるのです。

このときに私は思うのですが、私たちの経験や知識によって幅広く考える題材を与える、ということが必要なときもありますが、真に悩み抜いているときには、ある種の不安がありながらも断定をします。そして、その背景や、その後に関して、子どもたちとの付き合いをよりいっそう強くするように努力しています。

さらに要求されることは、私自身が「私自身を生き抜いている」という日常の姿勢を見せ続けることや、私自身の固有の価値観を余すところなく示すことも必要だと思っています。

とはいえ、この点に関してはきわめて神経を使っています。なぜかと言えば、己自身を生きることは、今の社会ではなかなか難しいからです。妥協せざるを得ないことも多々あります。ですから私は、自分が己自身を生きようとするときには、妥協する点も示すようにしています。

結論的に言いますと、「生きる」という進路に関して、私は自らの価値観や、自らの哲学によって生きることを示しつつ、その子どもとの付き合いを放棄することなく継続すること、それだけが必要だと思っているわけです。

以上のことが私の考え方に関する概略です。それぞれの詳細に関しては、以下に掲げる文章から読み取っていただければと思います。

第2章

タメ塾の「優等生」たち

1980年代に「タメ塾」が行ったキャンプ

校門で立ち止まる子どもたち――登校拒否、N子の場合

子どもが学校に行く、というのは当たり前のことになっています。大多数の子どもたちは、元気に学校に通っています。ですが、少数の子どもたちが、何らかの原因で学校に行かなくなる、もしくは「行けなく」なります。

学校に行くと、毎日いじめられるとか、学校の先生に叱られるのでとか、勉強が嫌いでとか、ほとんどの場合、「行かない」あるいは「行けない」のには何らかの原因があります。もちろん、いろいろなことが複雑にからみあっているわけですが、はっきりとした原因が見つけられる場合が多いものです。

ところが、ただ何となく、という子どももいるのです。そんな子どもの場合についての、私とタメ塾のスタッフたちの付き合いを少し紹介したいと思います。そこで得た確信は、頭では分かっていたことなのですが、「子どもといかに親密に付き合うか」ということが「学校に行ける」ということにつながるのです。何でもないことですが、かなりしんどいことでもあります。

学校で教師、このしんどさに付き合える人、付き合っている人は、ごくわずかなのではなかろうか、と思ったりします。でなければ、登校拒否の子どもはそんなに多くないはずです。

▼・教室が恐いの？

日本テレビ「お昼のワイドショー」［一九七九年か一九八〇年］に出演した二日後のことです。電話がかかってきました。

タメ　工藤ですが……。

母親　あの私、先日、先生ご出演のテレビを拝見いたした者なのですが、うちの娘のことでご相談したいことがありまして、お電話をさしあげました。

タメ　どういうお話ですか？

母親　娘はいま中学三年なんですが、ずっと登校拒否を続けているんです。

タメ　どちらの中学校ですか？

母親　埼玉県Y市立中学です。

タメ　ここからは距離がありますね。いつごろから学校に行っていないんですか？

母親　小学校一年からいままで、です。途中、小学五、六年の二年間は行けたんですが、そのほかはほとんど行けてないんです。

タメ　中学生になって、一日も行けてないんですか？

母親　一日も、というわけではありません。たまに、気分のいいときには行けたりするんですが、教室には入らずに、保健室などに一人でいるようです。

タメ　学校の先生に相談されましたか？

母親　はい、何度か相談しました。学校では小学校時代の友だちに、朝誘ってくれるようにしてくださったりして、中学一年のころはしてくれていたんですが……。娘が友だちが来ても顔を出さなくなったりして、自然に誘ってくれなくなりまして……。

タメ　学校の先生と娘さんの関係はどうなんですか？

母親　関係というのは？

タメ　学校の先生が嫌いだとか、学校の先生がよく訪ねてきて娘さんと話をするとか、朝に迎えに来てくれるとか。

母親　うちの娘は、別段学校の先生が嫌いということはありません。そうですね、学校の先生が訪ねてきたのは、年に一、二回じゃないですか。

タメ　年に一、二回しか来ないの。それじゃ、朝迎えに来てくれるなんてことは考えられませんね。

母親　はい。

タメ　友だちが嫌い、ということもありませんか？

母親　はい、そういうことはありません。

タメ　ちょっと理解しにくいですね。お母さんが考えてみて、何か思い当たる原因というのはありませんか？

母親　何度も、本人に「何で行けないのか」と聞いたりするんですが、肝心のところになると黙っちゃって、何も言ってくれないんです。主人と何度も話し合うんですが、原因というのが思いつかなくて、ただ何となく、という感じなんです。

タメ　失礼ですが、お父さんとの仲とか、お母さんとの仲とか、兄弟の仲とかはどうですか？

母親　主人と娘は仲がいいし、上に一人姉がいるのですが、その姉とも仲はいいんです。私と娘とも、別段これといったことはありません。口喧嘩程度のことなら何度もやりますけど。

タメ　うーん、ちょっと電話じゃ分かりにくいですね。本人とも会っていないので何とも言えないし……。一度、お宅にお伺いして、話がしたいですね。

と、いうことからTさんとの付き合いがはじまり、N子との付き合いもはじまりました。

▼●上を向いて欲しい

Tさん宅での話し合いでは、渋々N子も付き合いましたが、ひと言も話さず、意志の表示すらしてくれませんでした。N子は、中学三年生にしては大人っぽい感じで、何ら「普通」の子どもと変わるところはなく、「問題」のある子どもにはどうしても見えませんでした。

両親の話を総合すると、いままで幾度となく、親子で話し合ったり、両親と話し合ってもこれといった原因が考えられないこと。いろいろな手を打ってみたが（長野県の施設に入れてみたり、宗教のサークルに入れてみたり、児童相談所に通ってみたり）、何ら変化がなかったこと。そして、そこで必ず言われたことは、「親の甘さ」とか「子どもとの付き合いの下手さ」であったと言います。

私は思いました。両親は別段甘すぎるとは思えないこと。子どもとの付き合い方も下手ではないのではないか、ということ。いや、むしろ努力に努力を重ねすぎているのではないかと思われました。

簡単に、両親に向かって「親が甘い」とか「子どもとの付き合い方が下手」などと言いきってしまう大人たちに腹が立ちました。お母さんは思いあまって、子どもとの付き合い方を教えるという、何とも変な学校に通おうかとも思っているとのことでした。

私はお母さんに、必死にその愚かさを説明しました。子どもとの付き合い方などは習うものではなく、親として自然な感情で接していればいい、ということがその主旨です。何とくだらない教室があることでしょう。それでも、その教室に通おうとする母親の気持ちを笑う気にはなれません。親として、子どもを思う気持ちの必死さが迫ってくるからです。その親の気持ちに付け入る大人たちにはあきれるばかりです。

それから、何度かTさん宅を訪ねました。うつ向いてばかりいたN子が、ときたま顔を上げるようになり、面白い話にはクスッと笑うようになり、お茶すら淹れてくれるようになりました。私たちに対する警戒心が徐々に解けてきた証拠です。映画に興味があることも分かりました。人と接することが決して嫌いでないことも、外出することが嫌いでないことも分かりました。それを手がかりとして、私たちは「遊び」の面からN子に付き合っていこうと、その方針の第一を立てました。

▼・トランプが大好き

幸い、私たちのスタッフには映画好きもおり、映画のほうはもっぱらそのスタッフに任せ、私は遊園地にひたすら誘いました。週に一、二度の付き合いでした。最初の何度かは、直接自宅まで迎えに行っていましたが、それ以降は、N子が直接目的地近くまで来れるようになりました。

そんなある日、私はTさん宅に電話をしました。「N子を私の家に泊めよう」という実験の電話です。画策は慎重にやらなければなりません。N子に気どられないように、自然に家に泊まるように仕向けなければ、拒絶されてしまう可能性が大きくなるばかりか、いままでの私たちとN

子との関係が元に戻ってしまうという危険性が大きいからです。

私は母親に、「遊園地に行って時間をかけて、泊まっても不自然でないような時間になって、私の家に連れて来ますから」と伝えました。お母さんは心配のようでしたが、いずれ、私の家族とも付き合ってもらわなければならないのだし、三か月以上も経って同じことを繰り返していてもN子の変化が望めそうにもなかったので、一抹の不安は残りながらも泊める決心をしたのです。

この計画は、そんな心配をよそに、期待以上の成果を私たちにもたらしました。N子は家に泊まることを了解し、私の妻や子どもたちともウマが合うようでした。その夜は、めいっぱいトランプをしました。たまたまタメ塾に遊びに来ていたOBを三人加えても、別段怖れる風でもありませんん。言葉が必要最小限であること以外、同年代の子どもと付き合えることが分かりました。

ほとんど多くの子どもたちは、外泊となれば寝つかれないものですが、その心配もなく、すぐに寝入り、朝寝坊もたっぷりしました。翌朝、私はN子を前にして次のように言っています。

「どうだろう、どうせなら少し勉強もしたほうがいいと思うんだ。もう中学三年なんだし、高校にも行きたいでしょう。そのために、少しは勉強をしないと駄目だと思うんだよね。そのことについて、N子ちゃんの思っていることをほんの少しでもいいから喋ってくれない」

N子は、ずっと長い時間黙ったままでした。その間、私は喋りずくめでした。勉強するといっても、勉強だけじゃなくて遊びもするし、映画だって観に行くし、もう三か月以上経ったのだから、私たちの様子も分かっただろうし、ただ何となく毎日家で過しているよりはタメ塾に通って来たほうが気晴らしにもなるし、といったことを一生懸命喋り続けました。

二時間以上が経ったでしょうか、N子がうなずいてくれました。私は、N子が帰ったあとに早速Tさん宅に電話をして、「気の変わらないうちに、できれば明日にでも両親とN子と三人で来て欲しい」と話したあと、「タメ塾のスタッフ全員との面接の場に同席して欲しい」と伝えました。

タメ塾の原則として、何か特別な「課題」をもった子どもに対しては、スタッフ全員が責任をもち、全員の合意をもって子どもを引き受ける、というものがあり、N子の場合も、その原則に則ったのです。

それまで、私の頭の中ではいろいろな思いが駆けめぐりました。私たちがN子と付き合うことによって、一〇年近くも

スタッフ全員で相談して何事も決める

学校に行けていなかったのが行けるようになるのだろうか？　これは大きな課題で、できるかできないかは、本当に分かりませんでした。

しかし、私は単にN子の場合だけでなく、U君、S君、M子ちゃんなどほかの子どもの場合でも、学校に行くとか行かないとかいった近視眼的なことではなく（もちろん、学校に行けたほうがよいに決まっているのですが、私たちの努力を超える場合も多々あるのです）、常に、その子どもがいかなる形であれ社会と隔絶せずに生きていけること、すなわち、もっと直接的な言葉で言ってしまえば、食べていけることが、そうなってもらうことが最終的な課題である、と思っています。

ですから、N子の最終的な課題をそこに据え、万一、学校に行けなくとも、食べれるまでは付き合う決心をすべきであろう、と考えました。それには、いったいどのような体制をつくればよいのだろうか？　N子はあのとき、来てもよいという意志をうなずくことで表したが、本当に来るのだろうか？　一日や二日は来れたとしても、来れなくなるのではないだろうか？　そのとき、いったいどうすればよいのだろうか？

考えれば考えるほど不安が広がります。とにかく、私は「絶対N子と付き合い続ける」という決心を固め、続ける以外にない、と思いました。

▼・タメ塾に来て遊園地へ

翌日、私たちは早目に集まり、ほぼ同じ決心をスタッフ全員で行いました。そんなところに、三人がタメ塾に到着しました。案の定、N子はお父さんの運転する車から一歩も出ようとしません。お父さんとお母さんは、何度もN子に入るように説得していました。

見かねた私は、「出たくないのなら無理に出なくていいよ」と言い、両親には、「今日は、私たちと大人だけの話し合いでも仕方がないでしょう」と伝えました。

二時間ほど、私たちはN子の今後について話し合いました。

第一に、「遊び」という領域では私たちとN子は付き合えてきたこと。今後とも、遊びの領域での付き合いは継続していったほうがいいだろうということ。

第二に、いつまでも遊びの領域だけでは先が見えてこないこと。

第三に、両親は進学を希望するのかどうか。N子本人の意志はどうか。

第四に、万が一進学するとすれば、いまのままでは成績評価が出ないこと。それについて、いったいどうすればよいのか。

主に、この四点について話し合われました。

両親は、いままであまり外に出ることもなく、その意味では私たちの付き合い方に感謝していること。いままで学校に行けていなかったので、「今後行ける」ということにあまり期待していないということ。進学は、できることならさせたいが、いまの状態ではとても進学までは考えられないこと。せめて、大人になって、自立して食べていけるようになってくれればよいということ。そのためには、人との基本的な付き合いができて欲しいこと。

以上について、お父さんもお母さんも同様に述べました。基本的には、私たちの考え方とも一致していました。

引き受ける以上、欲ばったものの考え方を実践しなければならないのではないかと、私は考えました。それは、人と付き合え、学力もつけ、学校にも行けるようになり、さらには高校にも行ける、ということです。

けれども、この流れは「一気に」というわけにはいきません。一つ一つが、どれだけの時間と労力を必要とするのか、N子の場合は見当もつきませんでした。ですから私は、私たちのできるであろうところで第一段階を考え、その旨を両親に話しました。

とりあえず、タメ塾に通うこと。それも、最初は一日おきに、そのうち一日か二日は学習をしてみること。そのなかで、塾の子どもたちとできるだけ接触を試みること。慣れれば、毎日通うことにすること。毎日通えるようになったら、さらに新たな試みをしたい、と述べました。

両親の熱い視線を感じました。どうにかして、私たちの試みにかける思いと期待に何が何でもこたえていかなければならない、と思うと同時に、本当にそうすることができるのだろうか、と不安になりました。とにかく、スタートしてみなければ何ともならないわけですから、不安を抱えながらの出発となりました。

初日。約束は一〇時。来ません。Tさんに電話をしました。何となく、まだ家にいるような気がして不安でした。「朝、少しぐずっていたが出た」とのこと。私はお母さんに、しばらくの間は、「家を出た時間に電話をください」と依頼しました。

三〇分遅れで、N子が来たときは、「やった！」心の中で叫びました。第一段階における成功の七割以上がこの日にかかっている、と思っていたからです。

N子は、相当な気分屋であり、ほかの子どもとも充分に接していない子どもでした。勉強を少しでもきつくすると、次回はタメ塾に来ることを渋ったりしました。その都度、私たちはTさん宅を訪問し、N子を交えて説得を繰り返しました。

その成果なのかどうか、何度も繰り返すうちに、N子はたぶん、私たちが彼女との関係を絶対に切りはしない、と悟ったのでしょう。決して自主的ではないかもしれませんが、タメ塾に「通う」ことで問題が起ることはほとんどなくなりました。

この間、N子について分かったことは、理解力は非常に秀れていること、嫌なことがあると気分が乗らず、身体が動きにくいこと、そのほか重大な決定に関しては意志を表さないこと、すべてを大人に任せてしまっていた、ということなどです。

▼●高校には行きたい

私は、少なくとも、彼女の人生の進路の一つ、すなわち中学校から高校への進学については、絶対に彼女に選択をさせる決心をしました。

両親にお聞きしたところ、いままで一度も重大な選択をさせてこなかった、ということだったからです。N子には、直接、私が意志の確認をしました。N子は「高校に行きたい」と簡単に答えてくれました。大人の悪いところで、私はそれでも不安で、何度も何度も念を押しましたが、彼女の意志は強いものでした。

私は高校に行きたいのであれば、学校に行ってなかった分の学習を一生懸命やらなければならないこと、学校に通って「内申」という評価を得なければならないこと、そのためには、毎日でもタメ塾に通ってこなければ間に合わないこと、中学校三年生を一年遅れでもう一回行かなければならないこと、を伝えました。

彼女は、塾に来ることには何ら抵抗しませんでしたが、もう一度中学三年生をやり直すことには「悩みの深刻さ」を見せました。私は、N子のすべての悩みを理解できるほどN子との付き合いが深くなかったので、その深刻さが分かりませんでした。単純に嫌なのだと思ったのですが、決して中学三年生をやり直すことが嫌ではなかったのです。同じ地域で、下級生と一緒になることとか、あるいは周囲の大人との関係とか、それは複雑な感情で揺れ動いていました。

再度両親と、今度こそN子を交えて話し合う必要を私は感じ、タメ塾においてほかのスタッフを含めて面接が行われました。N子の高校進学の意志が強いことを知った日からいろいろな可能性を考え続けてきましたが、ようやく考えがまとまり、具体的に「動けばよい」状態にまでなったからです。

その一つは、中学三年生をもう一度やり直すこと。しかし、いま在籍している中学校では行けないこと。いまの学校では感情的にN子が行けないだろうし、Tさん宅までは距離がありすぎ、緊急時に間に合わないこと。だから、ここは思いきって学校と環境を変えてみる必要があること。

二つには、学校を変えるならば、私たちの近くがよいこと。

三つには、その行為を達成させるために両親と兄弟が重大な決心をして欲しいこと。具体的には、母親がN子と一緒にタメ塾の近くに越してくること。そうすれば、たとえN子が学校に行くことを渋っても、すぐに私たちが説得できることや、親だけが悩む必要がないこと。さらには、学校が近くであれば、私たちと学校の先生、親、学校の友人が一つになって動ける可能性が大きいこと。

これらのことが、話の中心でした。

さらに私は、これらのことができても、N子が学校に行けないままの可能性があることも話しました。正直に、「この行動はギャンブルである」と言ったのです。

しかし、失敗したとしても、何もしないよりは可能性があること。そして、N子との付き合いは絶対に放棄しないという決心でいることも話しました。

事実、「ギャンブルになるだろう」と思いました。小学校一年生から中学校三年生までの九年間のほとんどを学校に行けていなかったのですから、「学校に行く」という具体的な行動で「何」が起こるのか、私たちにはまったく分からないし、学校に通うようになってからのN子と同級生の関係などまったく想像できませんでした。ですから、これは本当に「ギャンブル」だったのです。

両親は、私の提案に即答しないだろうと思いました。私がN子のような子どもの親だとしたら、果してこの「ギャンブル」に賛同するかどうか、おそらくずいぶん悩むにちがいありません。しかも、私と両親との付き合いは半年足らずの期間であり、顔をあわせて話し合ったのも一〇回足らずでしかなかったのです。

しかし、両親は未熟な私とタメ塾のスタッフ集団を信頼し、「ギャンブル」に賛同してくださいました。そのとき、N子は何ら意志を表明しませんでした。

▼・中学三年をもう一度

大人の合意で進行させました。家庭では、N子の拒絶が続いているとのこと。その拒絶の意志は、あえて考えないようにしました。とにかく、お母さんとN子の住む家を借り、N子がそこにいなければならない、という状況をつくり出しました。

第一日目、N子は家を出ませんでした。待機していた私は、すぐにTさん宅に電話をしました。N子は、「今日は行きたくないが、明日ならばよい」と言っていました。その日は、N子の意志のままにさせることにしました。

第二日目、ふてくされた顔をしたN子が荷物と一緒に新居に着いた、と報告を受けました。何はともあれ、N子は福生に来たのです。私は、一つの壁は越えたと思いました。

N子は、私たちの集団を容認したのです。いかなる思いがあろうとも、N子は私たちの手に委ねられることを承知したのであり、私たちは、その承知をふまえて、N子の信頼の心を裏切らないように付き合えばとりあえずはいいのです。

私たちは、今後の対応の仕方を考えました。いつも、子どもへの対応の仕方については、保護者とその子どもに必ず同席してもらうのですが、あえて今回は保護者だけにしました。

その理由の第一は、移り住んで間もなく、N子の心理状態が安定していないと考えられること。

第二に、技術的な問題。たとえば、今度通うであろう学校の教師との対応や、私たちと両親との日常的な対応の打ち合わせであり、N子に同席させる必要がないと判断したこと。

第三に、私たち自身もN子をめぐっての対応に統一的な方針が決定できず、まだ「案」の提出時期であったこと。

第四に、それゆえ、N子に不安感を与えてしまうのではないか、という心配があったこと、などでした。

私たちは、母親を交えて、いろいろな角度から話し合いをしました。

まず、N子は学校や地域が変わっても、すぐに学校に通えることはないだろう、この点は一致しました。ですから、いま、私たちのできることは、塾に通って来ている子どもたちとの接触と、集団の授業に出させることを追求して様子を見ること。

それも、すぐにできることではないので、いろいろな機会――たとえば、タメ塾の子どもたちで出掛けるハイキングや、タメ塾の合宿などへの参加を考えてみる――を利用して「遊び」の面で接触を図ってみるように努力をすること。それが成功したならば、同じ学年になるであろう子どもたちのクラスに入れて、一緒に学習をしてみること。

そして、たとえタメ塾内でそれが成功したとしても、実際に学校に行くまでには、N子自身を含めて私たちも、そして両親やお姉さん、学校の先生、かかわりをもってくれるであろうタメ塾の子どもたちや、学校の子どもたちの努力には、相当の覚悟が必要であろうこと。

そのなかで私たちができるのは、学校に行けないことを予想して、毎日タメ塾の誰かが交替でN子宅に行って学校に行くことを説得し続け、学校まで送り届け、できるだけ学校の教師と接触を図って、N子が行ける環境をつくりあげることです。

これが、私たちが日々できることの、大きなことのすべてとなります。そのうえで私たちは、その都度N子の状態によって、さまざまの局面で連絡を密にするということを考えました。ですから、N子に対して「特別」なことを思いついたわけではありません。

▼・寂しすぎる親と子

少し話はずれますが、「登校拒否児」と言われている子どものテレビ番組を見た感想を述べたいと思います。

過疎の村にその子どもたちを行かせ、里親に任せ、その土地の学校に通わせるといった試みが成功しているという内容です。

いくつか思うことがありました。テレビだけを見て判断はできないと思います。テレビの好む視点で捉えるわけですから、すべてがそのとおりではないと思いますが、やはり気になることがあり、いまでも気になっています。

その大きなものの一つは、親と子どもの関係のことです。さらに、もう一つは、今後、子どもたちが生きるであろう世間と子どもたちの関係についてでした。

前者の点についての基本的な疑問は、小さいうちから親と子どもが離れて住み、いったいどんな関係の親子ができあがるのだろうか、ということであり、親子の日常の生活による感情などの接点はどのように補足されるのだろうか、ということです。

もちろん、あまりにも親子関係が複雑になってしまい、一定の期間離れて、お互いが、お互いを客観的に捉え直してみる必要のある親子が存在していることは認めます。ですが、それですら、親子がとことん付き合ってみて、「どうしても……」という場合にのみ考えられるべきものだと思います。

それが、小学生や中学生の場合、本当にその方法が、たとえ「必要であろう」と予感されるとしても、とられるべき方法なのだろうか、どうだろうか、と考えさせられてしまいました。

とくに、親と子どもが離れ、離れたゆえに、子どもが生き生きとしている姿が映し出されますと、一層深く考えさせられてしまいます。なるほど、ある意味、子どもは親子、あるいは家族という重苦しさから解放されて、生き生きするのかもしれません。そんな生き生きした姿を見ていると、子どものためには、いまのほうがよいのかも、といった考えが一瞬、頭をよぎります。

しかし、「待てよ」と考えてみます。「大人」として考えてみます。決して、親としての私ではなく、子どものときから親と付き合ってきたという経験がある「大人」として考えてみます。すると、何となく奇妙に思えてくるのと同時に、「関係の寂しさ」というものが遠くない将来に来るのではないだろうか、という予感がしてくるのです。私は、この予感はまちがっていないだろうと思うのです。

親元を離れて「楽しい」と思う年代は、私の経験からすれば小学校高学年以上であり、しばらくすれば寂しくなります。たとえ、それが自立を決意した青年期であったとしても、寂しい自分を見いだすこともあるだろうと思います。

フィルムに映し出されたある少年は、親に自分の欲しいもの、小遣いの催促を淡々と書き並べたハガキを書いていました。その少年の顔を見ていると――フィルムに映し出されたからそうなのかもしれない、とは思ったのですが、それでも――本当に淡々としているのです。

私の心に、寂しいというよりは、その少年と親の悲しみが伝わってくるようでした。高校生ぐらいの子どもが、テレてわざとする淡々さとは明らかに違い、本心に近い淡々とした表情、そして、そのハガキを見た親が、意のままであろうと、意の外にあろうとも、子どもの淡々さに対して、淡々と品物と小遣いを送る姿が眼に浮びます。

人間は何と悲しい方法を考えつくものだろう、と思います。親と子どもを切り離し、部分的に、すなわち登校拒否という行為だけに対処しようとする姿。歯が痛ければ歯を抜いてしまえ、指が痛ければ指を切ってしまえ。もちろん、仕方なくそうしなければならない場合もあるでしょう。それを否定しようとする気などは毛頭ありません。

しかし、「心臓が痛いからといって心臓をとってしまえ」というのは、いかにも乱暴すぎます。頭が痛いからといって頭をとってしまえ、というのも同じです。

登校拒否児だから、「学校に行けさえすればよい」というものではないと思うのです。もちろん、学校に行けるようになるのは望ましいことですが、親子の関係とか、地域の子どもたちとの関係とかを除外して考えるのは誤まりだと思います。

過疎の土地で、その土地の学校に通えるということは、風土的には、そして学校に行けたということでは素晴らしいことだと思いますが、ひとたび日常生活の場に戻ったときを考えてみると、「地獄的」なことと考えられるのではないでしょうか。

引き裂かれた親子の関係は、いったいどうなるのでしょうか？　本当に、親と子どもが日常に対応していけるのでしょうか？　それまでを、何か特別な手段によってつくっていこうとするのでしょうか？　いったい、誰がその手助けをするのでしょうか？

親と子どもの関係は、基本的には親と子どもの間でつくられていかなければならないものであって、それこそ、その親子「固有」の領域であり、誰しもそこに関与することはできないでしょう。地域との関係も同じです。その地域の人々との間でつくられていかなければ何の意味もないことだと思うのです。

フィルムに映し出された子どもや親たちを見て、私はそう思いました。

▼●好きなときに登校

ところで、N子との関係ですが、私は、N子が学校に行けるように、いや、社会で生き抜けるだけの力をつけていけるようにと考え、付き合いを続けていきましたが、暗中模索の行動ばかりでした。

私たちばかりではなく、N子も相当に努力をして、タメ塾の生徒とも何とか違和感のない生活ができるようになりました。私たちも両親も、この「進歩」に何となく期待をもちました。その期待とは、N子が学校に行けるようになる、ということでした。

しかし、私たちは、そんな期待を多少もちながらもタメ塾のスタッフと会議を開き、一週間のローテーションを組んでその日に備えることになりました。

月曜日から土曜日まで学校に送る人、万が一、その一人で手に負えない場合の体制などがそうです。初日から約一〇日間は、毎日、N子との戦争のようなものでした。

朝七時一五分から二〇分ぐらいに母親から電話が入ります。

タメ　もしもし、Tさんですか。

母親　おはようございます。Tですが、N子が今日も調子が悪くて、ベッドから起きようとしないんです。

タメ　分かりました。すぐそちらに行きますので……。

ほぼ毎日、電話はこんな調子でした。

Tさんの借家に着くと、N子は布団を頭からすっぽり被ったままでベッドにいます。お母さんが、「ほら、N子、工藤先生が来てくれたのよ。起きなさい。ねえ、N子ったら」と言いながら布団をはがそうとしますが、N子の力は強く、お母さんの力でははがせません。いつも、母親とN子のやり取りを見ています。お母さんとN子で解決するのが第一だ、と思っているからですが、しばらくすると私はベッドに向かい、思いきり力を出して、一気にN子の布団をはがしました。

N子は、キッと私をにらみつけますが、そんなことでひるんでいては何にもなりません。次に私は、N子をベッドの上から下ろし、「パジャマから洋服に着替えるように」と言いました。

N子は、自分の机の椅子に腰をかけ、両腕で胸を抱く格好をします。「私は絶対に着替えないし、学校にも行かない」という意志を見せているのです。

「着替えなさいよ」と言い、母親とN子を部屋に置いて、隣の部屋でじっと待っていました。

初めは理解できなかったのですが、N子は九時ごろになると、ほとんど決まって着替えるのです。単なる偶然だろうと思っていたのですが、実は、N子なりの思惑がきちんとあったのです。九時。それは、中学生がすでに学校に行ってしまい、授業を受けている時間なのです。二週間ほどしてから、タメ塾のスタッフがこのことを言い出して、「なるほど」と思いました。彼女は九時に着替えをすませ、顔を洗い、お母さんのつくった食事を、ほとんど毎日私たちと食べ、時計を見て、一〇時ごろになると私たちに促されて、重い足どりで学校に向かいました。

この一〇時ごろというのも、N子の計算になっています。一時限が終わり、休み時間も終わって二時限目の授業がはじまり、学校で生徒がウロウロしていることがない時間なのです。

とにかく私たちは、この時点で「必ず学校に行かせる」ということにしました。それが、たとえ普通に子どもが行く時間でなくても、行き続けることに意味をもたせました。N子に、行かせることと、行くことが当然だ、という習慣を身につけさせようと思ったからです。

▼•やっと教室に……

N子は、一学期間、ほとんど毎日学校に行きましたが、保健室か放送準備室に行き、教室に入ったのは、一学期最後の期末テストを受けたときだけでした。

その間、私は担任の先生とお会いして、塾でのN子の様子や、私たちのN子に対する対応について何度か話をしました。担任の先生は若く、私たちの行動をそれなりに評価してくれ、N子の学校の様子などを話してくれました。両者とも、「焦らずに」ということで意見が一致しました。

さらに、タメ塾のスタッフがN子のいる学校で教育実習をし、その成果として子どもたちが、「何となくN子が気になり出す」という雰囲気が生まれてきたのです。

私たちは、当初から、「N子が学校に行ける」ということに学校の子どもたちが動いてくれることが極めて重要なポイントになると考えていましたから、これは嬉しい報告でした。

さらに、先にも述べましたが、一学期の期末テストを受けたことです。私たちは、必死の思いでN子に「期末テストを受けるように」と説得しました。

タメ　ねえ、Nちゃん、Nちゃんは高校に行きたいんでしょう。

N子　うん。

（このころになるとN子は、私たちや、タメ塾の生徒の何人かと日常的な会話を平気で話すようになっていました。）

タメ　高校には行きたいんだよね。だとしたら、テストだけは受けてくれないと、内申という評価が出なくて、結局受けられなくなっちゃうぜ。そのことは分かってんだろ。

Ｎ子　うん。
タメ　それだけ分かってんなら、期末テストだけは受けなよ。「授業に出ろ」とは言わないからさ。期末テストのときは、誰だって一生懸命だから、誰もＮちゃんにかまわないよ。だから、受けるだけ受けなよ。
Ｎ子　……。

何度、何人のスタッフがこのような会話をＮ子と交したことでしょう。私たちはスタッフとの会議で、Ｎ子と会う人は、「極力テストを受けるように説得する」と決めていたからです。

テストの第一日目。夕方、お母さんから電話がありました。「Ｎ子がテストを受けられました」と、大変嬉しそうでした。私にとっても嬉しい知らせ、いや嬉しいというより信じられないという驚きのほうが強かったかもしれません。

二学期の初日。信じられないことでしたが、Ｎ子は一人で学校に行き、教室にも入れました。そのあとは、友だちと一緒に、毎日、通学できるようになったのです。

▼・当たり前の親と子に

その後、N子は学校に通い続け、高校入試に成功し、立派に高校生となりました。

私は思い出します。二学期の終わり、担任の先生と私、そしてお母さんとの父母面談の日に、「およそ、高校入試など考えられもしなかったN子が、どこを受験しようか、という話ができるようになったのですから……」と言いながら、本来は深刻になりがちな進路決定の日に、私たちの顔に自然な笑みが浮んだことを。

N子は、元気に高校に通い続けています。高校に入学でき、通い続けている姿を見ていると、ひと言も喋らず、自分の意志を表現することも拒否し続け、学校に行くことを、身体を硬くして抵抗したり、毎朝迎えに行って、毎回むなしく帰ってきたことなどはまるで嘘のようです。

タメ塾で初めて集団授業に参加してくれたときの私たちの感動。何よりも、初めて学校の授業に参加したときのお母さんの弾んだ声と嬉しさ、そして、いまにも泣き出しそうな顔。高校に入学することができて、その合格祝いのときにお父さんと飲んだお酒のうまさ。

どれもこれも、何か遠い昔の出来事のように思えてなりません。ひょっとしたら、夢だったのかもしれない、とすら思います。

たまにN子の母親に会うと、冗談のように、次のように言っていました。

「いままでは登校拒否という特別な問題で頭を悩ましてきたけど、今度からは、ボーイフレンドのことや、ファッションのことなんかで頭を悩ますことになりますよ。まあ、それも当たり前の親になったということで喜ばしいことですが」

言葉は乱暴ですが、お母さんはニコニコしてうなずいてくれました。

よくぞ「ギャンブル」に勝てた。正直な話、勝てるのかどうかは不安で、毎日、それこそN子のことで頭がいっぱいの日々が続きました。いまだからこそ言えるのですが、学校に行くことを拒否し続け、抵抗を続けた日々のなかで、何度「しんどい」とか「えらいことを引き受けちゃったな」と後悔したか分かりません。

しかし、お父さん、お母さん、そして、N子の不安は私たち以上だったと思います。よくぞ、辛抱して若輩の私に付き合ってくださったものだ、と感謝の思いでいっぱいになります。

登校拒否児のテレビ番組を見たときの私の感想を先に述べましたが、私はN子と両親、そして、私たち、学校の教師、学校の子どもたち、いろいろな人たちが努力さえすれば、少なくとも登校拒否児の多くが学校に行けるのだ、という確信をなおいっそう強くしました。その努力を放棄して、あるいは一方的に親へ、一方的に教師に、一方的に他人へといった、ある一方へ負担をかけるというやり方があまりにも多すぎるように思います。

何も、特別にすることはないのです。特別にするというのではなく、自然に一人ひとりの子どもに対して心配りをすればよいのです。そんな心配りの日々の連続が、このような子どもたちの存在を少なくするのだと思います。

ややもすると、この子どもたちを「治療」の対象として捉えてしまうことがあります。私はこの「治療」という姿勢に強く反発します。その子どもたちとの付き合いの度合いや、付き合い方の問題であろうとの確信をもっていますし、「その道の専門家に任せてしまう」という姿勢にも強い反発を感じます。ほとんどの子どもたちに、専門家などは必要ないのです。それよりは、もっともっと関係を深化させることです。それ以外にはない、と思います。

このような経験のなかで、情熱と行動力さえあればほとんどの場合、「いかなる問題でも解決することができる」という確信を得たことは、私にとって非常に貴重な体験となりました。

自分をいじめないで――わが友、非行少女B子の場合

「生活」とは日常生活のことです。このなかには、学校生活、家族生活、遊びの生活（付き合いなど）が含まれます。子どもにとってはどれも大切な生活の一部分だと思うのですが、どうもあまり大切には考えていないようです。それについて、「大人も子どもが大切」とか「家族が大切だ」などと口では言いますが、本当に考えてみますと、どうも大切だとは思っていないのではないか

と思われたりします。

▼・シカトするB子

タメ　何か、ご相談したい、とのことでしたが……。

母親　はい、実はこの子のことで、少しご相談をしたいと思ったのですが……。この子が、どうしても学校を辞めたい、と言うんです。私はもちろん、父親も大反対なのですが、どうしても今の学校には行きたくない、と言ってきかないんです。

タメ　どこの高校に行ってらっしゃるんですか？

母親　T女子高校です。

タメ　いま、何年生？

B子　………。

母親　二年生です。

タメ　何で学校に行きたくないの？

B子　……。

しばらく待ってみたのですが、B子は何も喋ろうとはしません。無理もないことです。見も知らぬ所に来て、見も知らぬ人間に、自分の内面的な想いを聞かれ、しかも、本人から進んで来たわけではないのですから、喋る気など起こらないのは当然と言えば当然のことです。

タメ　お母さんは、行きたくない理由をこの子から聞いていますか？

母親　はい。どうも学校の規則が厳しいことと、学校の先生が気にいらないらしいんです。

タメ　T女子高は規則がうるさいからね、誰だって気に入ってはいないでしょう。担任は男性ですか、女性ですか？

母親　女の先生です。

タメ　ところでお母さん、この子は学校を辞めて何をしたいって言うんですか？

母親　そのことなんですが、私と父親が「何をしたいんだ？」と尋ねてもハッキリしないんです。ただ、高校を辞めたい、ということだけで……。

タメ　お母さん、私は単純に高校を辞める、ということに反対しないようにしているんです。その子どもにとって、高校生活が抑圧の状況であるとか、高校に行く以外に目的がハッキリしているのであれば……。

だから、どうしてもB子さんと、このことについてじっくりと時間をかけて話さなければならないと思うんです。

と、母親に話したところでB子が納得するはずはありません。私に話をしてくれるはずもないのです。ただ、私はB子と話してみる必要を感じたので、その思いを母親とB子に伝えたにすぎないのです。

こんな話をしながら、私は頭の中で、B子とどうすれば話ができるようになるだろうか、と考えていました。

誰もが知っているように、子ども一人ひとりが個性をもっているわけですから、その一人ひとりにあった異なる対応を考えなければならないというのは当然です。それがまちがった方法であれば、子どもは何も喋ってくれないばかりか、それがたとえ善意からのものであれ、子どもを傷つけてしまいかねません。それだけに、細心の注意力と思考力が私たちに要求されます。

タメ　いま、じっくりといっても無理だから、何か別の機会に……。うーん、別の機会といっても、どうしょうかな……。ところでさ、どうしてもいまの学校には行きたくないの？

B子　（うなずく）

タメ　ちょっと確認したいんだけどさ、いまの学校に行きたくないの、それとも、もう高校に行きたくないの、どっちなんだろう？

B子　……。

タメ　話をしたくないんなら、うなずくだけでいいから、どっちか意志を示してくんない。今の高校だけじゃなく高校に行きたくないの？

B子　（うなずく）

タメ　じゃ、高校に行かないんなら働きたいんだね？

B子　……。

この会話――会話ではなく、一方的な私の質問が何度か繰り返されたのですが、B子は何の反応も示してくれません。そんなB子の様子を見て、B子の手をつつきながら、「B子ちゃん、ちゃんと返事をしなさい」と母親は促すのですが、B子は母親をにらみ返すだけでした。

私は、タメ塾という場所ではB子との会話は成立しないと思いました。

タメ　お母さん。どうも今日は話になりそうもありませんので、日を改めて今度は私がお宅にお伺いします。お父さんとも話をしておきたいし……。

母親　本当にどうもすみません。で、いつ来ていただけるんですか？

タメ　ちょっと待ってください。スケジュールを見てみますから……。うーん、そうですね。ちょっと夜遅くなってしまいますけど、二日後に。ところで、お宅へはどのようにして伺ったらいいんですか？

母親　私がお迎えに参ります。何時ごろがよろしいですか？

タメ　九時まで仕事だから、九時ちょっと過ぎに来ていただけますか。

母親　二日後の九時過ぎですね。承知しました。お手数をおかけいたします。

▼●うるさい！　あっちに行って！

二日後、私はＢ子の家に出掛けました。それは大層立派な家で、外見からでも裕福な家庭であることが分かりました。

母親　さあ、どうぞ。

タメ　おじゃまします。

母親が先導し、応接室に通され、そこで父親と初めて顔を合わせました。

父親　遠い所を、どうも申し訳ありません。さ、どうぞお掛けください。

タメ　失礼します。

型どおりの挨拶が交され、B子の姉がお茶を運んで来てくれました。

父親　初めまして、B子の父親です。
タメ　工藤です。
母親　先生、お茶を召しあがってください。どうぞ。
タメ　いただきます。ところで、夜も遅いので早速本題に入りたいと思うんですが……。B子さんの顔が見えないんですね、もう寝ちゃったんですか？
母親　いいえ、まだ寝てはおりません。いま呼びますから、少しお待ちください。

と言って、母親はインターホンを押して、

母親　B子、先生がいらっしゃっているから早く下りてらっしゃい。
B子　うるさいわね。

荒々しいB子の声が、インターホンを通じて聞えてきました。

母親　うるさい、じゃないの。工藤先生がわざわざ遠い所から来てくださってるんだから、早くしなさい。

B子　……。

母親　すみません。いつもこんな調子なんですよ。何か言うと、すぐ反抗して……。

しばらく待っていました。一向に、B子は下りてくる気配を見せません。母親が階段を上り、迎えに行きました。

母親　ホラ、B子ちゃん、先生がいらしてるんだから。

B子　うるさいわね、あっちに行ってよ。

母親　そんなこと言わないで、ほんの少しの時間でいいんだから。

B子　うるさいったら、うるさいわね。行きたくないったら、行きたくないの。

一〇分ほど、母親とB子は、B子の部屋のドアをはさんで同じことを繰り返していましたが、とうとう母親は根負けをしたようで戻ってきました。

母親　どうも申し訳ありません、わがままなもので……。

父親　こいつが甘やかすもんだから……。申し訳ありません。

私は思いました。何たる父親、何たる子どもだ、と。私はB子に腹が立つより、父親に腹が立ってきました。なぜ、父親自らがB子を呼びに行かないのか、と。一応、私は父親とは初対面なのだし、わざわざと言っては何ですが、出向いてきたわけですから、B子に対して父親が行動を起こして当然だ、と思ったのです。

しかし、その原因がほんの少しですが、あとの会話のなかで分かりました。

タメ　出てきたくないんなら仕方ありませんね。本当はB子さんの問題なのですから、B子さんを抜きにして話をしない、というのが私の原則なのですが、今日のところはこういう状態ですから仕方ないでしょう。

母親　どうも申しわけありません。

タメ　B子さんをめぐっての問題を少し整理しておきたいんですが……。本人は学校を辞めると言ってるそうですが、それに対して、ご両親は学校を続けるようにと説得している。その調整で混乱している、と理解してよろしいんですか？

母親　そうです。

タメ　ところで、何でB子さんは学校を辞める、と言ってるんですか。この前にお母さんが塾に来られたときは、規則が厳しいとか、学校の先生が嫌いだとか、言っておられましたが……。もう少し具体的に聞かせてもらえないと、理解しにくいんですけど。

一般的に言うと、B子さんぐらいの年代の子どもは誰でも、学校生活にいくつかの不満をもっていると思うんですよ。その代表的なのが、規則が厳しいということや、学校の先生が嫌いだとか、友だちに不満があるとか、もう少し変わったところでは、学校の勉強がいったい将来の何になるんだという疑問から授業に不満をもつ、といったものです。

それから考えると、B子さんのもつ学校への不満というのは、ほとんどの高校生がもっている不満で、それが何で学校を辞める、となってしまっているのか、そのあたりが分かりにくいんですよね。

母親　先生にはお恥しい話なんですが、いつも今日の調子で、私たちとはほとんど口をきかないんです。たまに口を開いても、ただ「辞める」と言うだけですし……。

タメ　いつも今日のような調子だとちょっと困っちゃいますね。今日と、この前の様子を見ていると、B子さんは本当に甘えん坊に見えますね。僕は、自分の子どもがあんなにダダをこねたら殴っちゃうな。元来が短気なものだから……。

それは置いておくとして、いつまでもあんな様子では、何も先に進まないでしょう。ところで、学校はいま休んでるんですか？

母親　はい。

タメ　いつから休んでいるんですか？

母親　二週間ほど前からです。それで困ってしまって、知り合いの人に先生のことをお聞きして、ご相談に伺った次第なんです。

タメ　二週間も学校を休んでて、学校には何の理由で届けてあるんですか？

母親　一応、病欠と届けてあります。

タメ　でも、いつ学校に行けるか分からないんじゃ、ただの病欠だけでは無理でしょう。

母親　知り合いにお医者さんがいて、三日ほど前に一か月間の診断書を書いていただいて学校に出しました。

タメ　じゃ、あと二週間の勝負なわけですね。ところで、ご両親の気持ちを知りたいんですが、いったいB子さんをどうさせたいと思っているんですか。もちろん、いまの学校を続けさせたい、と思っていらっしゃるのでしょうが、いまのB子さんの様子じゃ、とてもこのままスンナリと戻りそうにもないんじゃないかな。

それに、たとえ戻ったとしても、学校は以前のままだし……。きちんとB子さんの気持ちを聞いておかないと、何度でも同じことの繰り返しになってしまうような気がするんですよね。Ｂ子さんが学校に行きたくないというのは、ほかにも何か原因があるんじゃないのかな。最近、何か学校で起きたとか起こしたとか、ということはありませんか？

母親　お恥しい話ですが、実はちょっと……。

こう言いながら、母親は父親のほうに視線をほんの少し向けました。言っていいことかどうか、父親の判断を待っているような素振りでした。

私は「ほかに何かある」と直感しました。私は、この種の「恥」に対する父親や母親が思案する表情にずいぶんと付き合ってきましたので、思うのですが、親が思うほどそれらの「恥」は実は大したことがなく、一般的に、Ｂ子のような年代の子どもたちをもつ家庭では日常的に起こる問題なのです。もちろん、本当に特殊というか、固有の場合もあるにはありますが、それはあまり多くないようです。

少し考えている様子でしたが、決意をしたように父親が話し出しました。

▼•家出、また家出

父親　お恥しい話なんですが、実は娘が家出を何度かしまして、今度で四回目なんですよ。先生のところにおじゃました前日にやっと娘を見つけまして、もう、私どもの手には負えないと思いまして、先生にお願いに伺ったわけでして……。

タメ　家出の原因に何か思いあたることはありますか？

父親　ほとんどの場合、ほとんどというよりは全部かな。娘をきつく叱ると、プイッと出ていってしまうんです。前の三回は、二、三日で帰ってきたんですが、今回は一〇日間で、すでに娘は友だちとアパートまで借りてしまっていたんです。

タメ　アパートまで借りるとは本格的ですね。ところで、家出の原因は叱られてということですが、どんなときに、どんな叱り方をなさったのですか？　言いにくいことかもしれませんけど、やはり聞いておかないと、B子さんと付き合うときにやりにくいですから。

父親　一度目のときは、娘が友だちとデパートで万引きをしたときなんですが、警察から連絡があって、娘を引き取りに行ったんですが、少年係の方が、「この娘は万引きを常習していた」と言うんです。お恥しい話ですが、私も妻もそんなことには何も気が付きませんで、もう驚いてしまって、家に帰って来て厳しく叱ったんです。二、三回殴りましたかね。娘は何を聞いても、ウンともスンとも答えようとしないもんですから、ついカッとなって……。そしたら、次の日に家出をしたんです。家出といっても、二、三日友だちの家を転々として、そのときは自分から帰ってきたんですが……。

あとは、学校へ行く途中、タバコを吸っていたのを見つかったとき。そのときは、「即退学」ということだったんですが、学校の理事長が私の知り合いだったもので、一週間の自宅謹慎、つまり停学ですんだんです。そのときは殴りませんでしたが、厳しく叱りました。そしたら、また……。

あとは、友だちと遊び歩いて毎日の帰りが遅いとか、お酒を飲んだとか、そういったときに、つい我慢ができなくて叱ってしまうと、もう家出なんです。ですから、もう叱るのが恐くて……叱れないいんですよ。今回も、腹が立って、腹が立って、でも叱れないんです。

先程、父親が娘のところに迎えに行こうとする姿勢を見せなかった原因が少し分かりました。それでも、B子の家出の原因や反抗の原因がつかめたわけではありません。一回目の訪問で分かったことは、両親が娘を叱れない状況にあること、学校はぜひ続けさせたいこと、B子の生活態度を改めさせたいこと、この三点に要約されていました。

私は思いました。B子と両親の親子関係は一五年から一六年になり、その間にB子をわがままにしてしまったのではなかろうか、と。そのツケがいま回ってきたのではなかろうか、と。そしてB子は、一回目の家出で、親が慌てふためき、親であるがゆえの無力さを見抜いて、不満があると家出という手段に訴え、親の叱る権利、監督する権利など、およそB子が遊ぶのに「じゃま」

な親という障碍を取り除いてきたのではなかろうか、と。そして、ついにB子の努力、計画は今回の家出で達成されたのでしょう。

このような思いは、そのものズバリ適中していました（ずっとあとに分かったことですが……）。

今回の訪問の結論は、すなわち「親の代理を任された」ということになります。

❶B子を両親は叱れない。だから私に任せたい。

❷B子にはぜひ学校を続けさせたいが、説得できないので、説得して欲しい。

❸B子の生活態度を改めて欲しい。

この三点が私に任されるということですから、親のやるべきことをほとんど私に任せた、ということになります。

ここには、本当に親の甘えがあります。いや、親の甘えというより、親だからの甘さがあります。ひと言でその甘さを説明しますと、子どもから親が自立していない、ということになります。もっと言ってしまえば、親が子どもに見切りをつけきれない、ということになります。

四度も、親はB子の「家出」に付き合ったのです。四度も。ですから、親はB子の意図に気付いてもいいはずなのです。B子の意図に気付いたならば、親は親としてB子に反撃を加えてもいいはずなのです。それは、B子の「家出」を承知してしまい、捜し出すこともせず、何もしないことです。何もしないことが、実は、親が親として最大のことをしたことになるのです。

万が一気付いていたら、としたならばですが、逆に気付かないとしたら、何と怠惰な親でしょう。それは、本当はずっと子どもに付き合ってこなかったからではないでしょうか。少なくとも親なのですから、子どもの心理の多少は読めるというのが当然のはずです。ですから、子どもの心理が少しも分からないというのは、親が、親として真剣に子どもと接触してこなかったという証拠なのです。

この場合、Ｂ子に対する親の反撃とは、具体的には、Ｂ子に学校へ行くことを強要、ないしは行ってもらうことではなく、逆に高校へは行かせず、しかも家に置くことなく、自分自身の力で生き抜かせることだと思うのです。

それは辛いことだと思います。親としては、Ｂ子自身が自力で生き抜けるかどうか、かなり心配するでしょう。結局、水商売やそれに類する仕事に就いて（水商売と言われるものが悪いわけでは決してありませんが、よほどの決心と意志をもっていないと、自分を制することのできない商売でもあり、それだからこそ、Ｂ子にはまだ就いてもらいたくない職業だと思いました）自分を律しきれないのではといった心配や、悪い友人と、とんでもないことをしでかしてしまうのではないかといった不安などが、あとから、あとから出てきてしまうのでしょう。

親にはそれが見えてしまうわけですから、本当に辛いことだと思います。けれども、親が完全に子どもの行為を制しきれなくなったと思ったときには、仕方のないことだと思います。

私とて、何も好きこのんでB子を社会に出したくはないのです。なぜかといえば、B子には、きちんと社会で何をしたいのか、どうやって自力で生き抜こうとしているのかについて、本当にB子自身に考えてもらいたいからです。ですから、たとえいまの高校を辞めるにしても、勉強は続けさせてやりたいし、なおかつ「生きる」ことの意味を考えてもらいたいと思いました。

ですから、私は両親に対して次のように言いました。

❶学校に戻せる自信はない。

❷ただし、どんな形であれ、勉強を続けることを確認させたい。

❸「生きる」という意味を考えさせたい。

❹自分に多少の規律をつくらせたい。

❺これらを達成するために、すべてを私に任せて欲しい。

とくに、❺の「すべてを私に任せて欲しい」という意志を強調しました。「そのなかには、いまの高校がどうしても嫌ならば、辞めさせることも、家を出て生活させることも含んでいます」と最初から宣言しました。でなければ、B子に対して、親から委任された親権の代理を務められないと感じたからです。

両親は、少し考えていました。親として当然のことだと思います。とくに父親は、今日が私と初対面なのです。すぐに私を信頼するという気にはなれないでしょう。そのことは、私もよく分かります。ですから、「二、三日よくご夫婦で話し合って結論を出してください」と言って、その日は帰りました。

▼ふてくされるB子

帰る道々、B子のことについて私はいろいろ考えました。とにかく、いまの学校を辞めていい、ということをB子に接触する一つの取り引き材料にしよう、と決心しました。それを材料として、ほかの高校に行くか、さもなくば、定時制でもよいから、必ずどこかの学校に入れようと思いました。

そして、もう一つ重大な決心をしました。いまのままでは、B子の家庭はお互いに疲れきってしまい、取り返しのつかないことになりかねないので、B子と両親を切り離すことです。そのためには、「家を出て働け」ということをB子に宣言し、それが嫌ならば、半年ぐらいは私のところに居候することを承知させようと思ったのです。

もし、いまの高校を辞めるにしても、おそらくB子の学力では全日制への転入は無理であろうから、定時制になるだろう、という考えがあったからです。

定時制に通うとなれば、昼間の時間の使い方が大きな問題になってきます。両親は、Ｂ子が働きながら定時制に通うということはさせたくないと考えるだろうし、私もＢ子にはちょっと無理だろうと思えたので、親を納得させるために、私の家に居候をさせ、そこから学校に通わせたほうが両者のためになるだろう、と考えました。

家に着いて私は、やろうとしていることを女房に伝えました。納得までとはいかなくとも、すぐさま承知してくれました。

次の日、電話があり、私の申し入れを承知するとのことでした。それからは、私はほとんど毎日のようにＢ子宅へ出向きました。どうしても、Ｂ子とはじっくりと話をする必要があると思いましたし、そのためには、どうしても私の熱意と決意をＢ子に示さなければならない、と思ったからです。

しかし、空振りの日々が二週間ほど続きました。Ｂ子は部屋に鍵をかけたまま、一歩も部屋から出ようとしませんでした。さすがに連日の空振りで、両親と姉はさかんに私のことを気の毒がっていました。

このままでは何の変化もなさそうなので、私は少し行動を変えてみることにしました。Ｂ子宅に泊まってみることにしたのです。いつもは、ある時間になると自宅に帰っていたのですが、その日はＢ子に内緒で泊まりました。

いくら鍵を閉めていたとしても、人間ですから、空腹になれば食事のために下りてくるにちがいない、と思ったからです。

翌日、昼近くになってＢ子が下りてきました。下りてくる足音で、かねてからの打ち合わせどおり、母親はいつもいるテレビの部屋へ、私はそのまま応接室にいました。Ｂ子は応接室の横の廊下を通って、食堂の椅子に座ったようです。

▼●お母さん、メシ！

Ｂ子　お母さん、メシ！

母親　ハイ、ハイ。

Ｂ子　何よ、お母さん、ご飯のおかずが少ないじゃないの、何かつくってよ。

母親　何がいいの？

Ｂ子　何だっていいわよ。早くしてよ、腹へってるんだから……。

これが会話です。何度かこのような子どもと親との会話を聞いているので、私は別段驚かなくなってしまいましたが、やはり最初は驚きました。私のころにはおよそ考えられないような口調で親に喋り、反抗します。子どもが強くなったとは思いませんが、あまりにも親が親らしくないのにびっくりしたわけです。

口調そのものには驚きもしませんでしたし、腹立しさも感じませんでしたが、「おかずが少ないじゃないの」のひと言には、さすがに腹が立ちました。ほんの一瞬、出ていくのはまずいかな、という考えが頭をよぎりましたが、すでに私の手はドアにかかっており、そのまま勢いよくドアを開け、B子を殴りつけてしまいました。

B子は、何が起きたのか理解できないようでした。母親は母親で、私が突然出てきて殴ったものですから、ただただ驚いている様子でした。私はそのままB子の腕をつかみ、引きずるように応接室のほうに連れていき、私の横に強引に座らせました。もちろん、逃げられないようにB子の腕を握ったままです。

呆然としている母親に向かって、「ちょっと二人だけで話をしたいので、お母さんはどこか外でしばらく時間を潰してきてください」と言いました。

私の行為と言葉に圧倒されたのでしょう。外出の支度など何もせずに、「それでは、よろしくお願いします」と言って母親は家を出ていきました。

この家で、しかも応接室のソファで、二人だけになりました。一〇分ほど、私は何も喋りませんでした。私自身が興奮しているし、もちろんB子は私以上に興奮しているにちがいないからです。B子はさかんに、押えられている腕とは逆の手で、殴られた頬をさすっていました。

本当に腹が立って殴ったときは（殴るほど腹が立つことは稀ですので、機会はさほど多くはありませんが……）、腹が立った理由を本人が納得してくれるまで私は話すことにしています。もちろん、「信頼関係がつくられた」と感じた子どもしか殴ったことはありません。B子とは、信頼関係も成立していませんし、一度しか会っていないのですから、時間をかけて殴った理由を説明しようかと思いましたが、言いわけになってしまいそうなのでやめました。

▼・学校を辞める

私の腹立ちも収まり、B子も幾分か最初の興奮からさめた様子なので、一方的に私は喋りはじめました。初めてB子宅に来て、B子を欠いての両親と私の話し合いの様子、また、そこでの基本的な合意の内容、そのなかでも両親は、B子に関して、とくにB子の進路に関しては全権を委任してくれたことを強調して話しました。「全権とは、B子と私の合意を、すべて両親は承知することだ」と言いました。

B子は、依然として何の反応も示しません。むしろ、敵意を膨らませているように見えました。それでもなお、一生懸命喋り続けました。「間」を置いてしまうと、聞くことさえも拒絶されるのではないか、と恐れたからです。

とりとめのない話ばかりをしていても仕方がないので、本題である学校のことについて話しました。

タメ　B子のお父さんやお母さんは、俺に頼んで、何とかいまの高校に戻るようにしてくれって言ったんだけどさ、俺は、「それはできそうもない」って言ったんだよ。俺も、いったん高校を辞めた経験があんだよね。その理由を簡単に言っちゃえば、その高校に未練がなくなっちゃってさ。そしたら、一日も学校にいたくなくなって、結局辞めちゃった。だけど、その学校を辞めて、いろんなことがあったんだけど、もう一回高校に入って、大学に行って、いまになってんだよね。

よく考えるんだけど、俺にとっては最初の高校を辞めてよかった、と思ってるんだよね。だってそうだろう。一度嫌になっちゃって、そこにいたって、結局もっと嫌になっちゃうよな。そんなことなら、早いこと辞めちゃって、別の道に進んだり、もう一回ほかの高校に行ったりしたほうが自分のためだと思うんだよ。

本当は、もっともっと辞めたことについてだって、学校に入り直すことだって、いろんなことがあったんだけど、辞めたってことが自分にとってプラスだったことは確かなんだよ。だから、B子が学校を辞めたいってどうしても思うんだったら、辞めることもいいと思うんだよな。でも、B子の場合には、辞めて何をするか、がないだろう。何かをしたい、というのがあれば、別段こんなに時間をかけて喋ることもないわけよ。ただ、B子のやりたいことを聞いて、両親を説得すればすむわけだから……。

ただし、B子にやりたいことがあって、学校を辞めてまでやり通したいんなら、両親にも話したけど、この家を出て自活することだな。自活するってことは、どういうことかというと、自分で働いて金を稼いで生活するということ。それは、親の力やお金を全然あてにしないことだよ。

俺は両親に、そこはきちんとするように、と話しておいたよ。学校を辞める、と決めたら、絶対にB子を家に置いておかないようにって。それは当たり前だよな。高いお金を払ってB子を私立の学校に入れて、いままでさんざんB子のために苦労したんだから……。

それに、自立するっていうことはそういうことだろう。自分で働いて、給料をもらい、生活するっていうことだもの。B子も、それぐらいの覚悟があるから学校を辞めて働く、と言ってんだろう。だから俺は両親に、「B子のためになるんなら家を出してくれ」と言ったんだよ。

こんな話をB子にしましたが、私にはB子の気持ちが手にとるように分かります。「学校を辞めて働く」というのは、ただ「辞める」というのではつじつまが合わないので、「働く」と言っているのです。「働かなければならなくなるかも」という思いぐらいはB子にもあると思います。けれども、家を出て自活する、親の援助を少しも受けない、受けられないといった状況などは想像もしていないのです。そこにB子の甘さがあります。

いまの子どものほとんどは、「自活して生きろ」と言われると戸惑います。戸惑う、というよりは困惑してしまいます。もちろん、そうでない子どももいます。「働く」ことに意味をもたせたり、あるいは家や親が嫌なら、その子どもは自分から「自活して生きる」と言うでしょうし、そのとおりにします。

しかし、いまの子どものほとんどはそうではありません。何をしたいかもはっきりせず、口では「家が嫌だ」とか「親がうるさくてかなわない」などと言いますが、自活して生きることなど本心では考えていないのです。

ですから、B子に対する私のおどしは効果があります。何といっても、B子は何をするのか、何をしたいのか分かっていないのですから……。

▼・途方に暮れる両親

タメ　何がしたいのか、それが分からないとしようがないよね。

ただ、一つだけ聞いておきたいんだけど、いまの学校が嫌なのか、それとも学校に行くのが嫌なのか、どっちかはっきり聞きたいんだよ。喋るのが嫌だったら、うなずくだけでもいいから、答えてくれよ。いまの学校が嫌なの？

B子　（うなずく）

タメ　別の学校、たとえば転校するとか、定時制に行くとか、それはどうなの。嫌なの？

B子　（首を横に振る）

タメ　別の学校や定時制なら、行ってもいいんだね。

B子　（うなずく）

タメ　よし、分かった。とりあえず両親には、B子が学校を辞めることを納得させよう。だけど、それには、別の学校に行くか、定時制に行くか、つまり学校を続ける約束はするんだぜ。

B子　（うなずく）

ほかの話も延々と続きました。どうやら、「B子は学校を辞めてもいい」という私の言葉で、少し私を認めはじめたようです。それは、私の一方的な話にクスッと笑ったり、顔を上げて視線を合わせたりする動作で分かりました。

その夜、仕事を終えてB子宅に出掛けました。昼間のB子との話し合いの報告と、今後のことについて両親と相談するためです。

「B子が学校を辞めることを私が承知した」と両親に話しました。両親は明らかに困惑した表情を浮かべています。その困惑を、私は理解することができます。

「せっかく入学したのに」あるいは「あと一年と少し我慢さえすれば」という思いと、「今後、B子にどうさせればいいのだろうか」というのが困惑の内容です。

私は、両親とB子を前にして、「両親の困惑は理解できます」と述べたあと、次のように話しました。


タメ　お父さんやお母さんの残念さや不安というのは、充分に分かります。分かるんだけれども、このままB子をいまの高校に、万が一、お父さんやお母さんが努力して、もう一度行けるようにしたとしても、その結果も分かります。どうせ、B子はまた何かをやって、辞めちゃうと思うんです。

このことまでは、昼間、B子と話をすることができなかったんだけど、おそらくB子の「荒れ」の一つは、いまの高校のつまらなさが原因なんですよ。だからB子は、辞めるように、辞めるように、と行動しているんですよ。

たとえば、ホームでわざと目立つようにタバコを吸ったり、規則違反を百も承知でパーマをかけたり、髪を染めたり、たぶんお父さんもお母さんも「なるほど」と思うところがあると思うんですよ。こんなことを何度も繰り返すのは、B子が本当に辞めたいと思っているからですよ。

B子が「辞めたい」と両親に話しても、「高校ぐらいは出てなくっちゃ」とか「せっかく入ったんだから」とか「もう少し我慢すれば」とかと言って、絶対に辞めることは承知しないでしょう。だから……。

誤解のないように言っておきますけど、僕はほとんどのケースの場合、「辞めていい」なんてことは言いません。どんなことをしても通うようにと説得しています。だけど、それも子どもによるんです。B子の場合、一時の気の迷いとか嫌さの感情じゃないと思うんです。一年半近く、たまりにたまった嫌さがあると思うんですね。もう、その嫌さは、誰が何と言おうと変えようがないように思えるんです。

このままの思いでB子に学校へ行くように説得して、一時行ったとしても、また同じことの繰り返しですよ。そのたびに、お父さんもお母さんも神経をすり減らすだけなんですよ。

僕は、B子は決して学校そのものが嫌なんじゃないと思うんだよね。いまの学校が嫌なだけで……。このことは、昼間にもB子に確認しているんですけど、いまの学校でなければ転校や定時制でも学校は続ける気はある、と言うんです。僕自身の考えでは、このまま学校を辞めてB子を社会に出すことには反対です。どうしても学校だけは続けさせたい、と思ってるんです。どんな形になるかは分かりませんけど……。

なぜ続けて欲しいかというと、一つは、いま辞めて何かをしたいというものがB子にないからです。だから、何をしたいのか、考えるために続けさせたいのです。もう一つは、このまま働くなり、家にいるなりしても、新しい友だちができる可能性が少ないと思うんです。いままでの、単なる遊びだけの友だちだけじゃ、これから先を考えると少し寂しくなるんじゃないか、と思うからなんです。

両親は考えこんでいる様子でした。相変らず、B子はふてくされた顔をして座り続けています。私はB子の態度に腹が立ってきましたが、両親の苦悩を見ると、叱る気にもなりませんでした。なぜ、B子に腹が立ったのかというと、自分自身の問題を話しているのにといった感じがなく、両親が苦悩する顔を見ているのにもかかわらず、少しもその両親に優しくないからです。本心はどうあれ、少なくともB子は両親の苦悩に付き合うべきです。それが、たとえポーズとしてのしい、い、い、おらしさでもいいのです。それでもいいから、B子は目に見える形で何らかの表現をすべきだ、と思ったからです。その意味で、B子は本当に優しくないのです。

正直なところ、なぜこうまでB子を「優しくない」状態に育ててしまったのか、とも思いました。子どもの優しさや逞しさといった感情表現は、親が子どもに示さなければならないものだと思います。このことは、B子の両親だけでなく、いまの多くの親たちがサボっていることだと思います。

▼●親と離れて自分を見つめる

しばらく無言でいた父親が話し出しました。

父親　先生の言うことは分かりました。よくよく考えてみますと、先生のおっしゃるとおりで、親は何とかして、いまの高校を続けさせるようにとB子をなだめたり、すかしたりしてきましたが、正直な話、ほとほと疲れていたところなんです。先ほど先生がおっしゃったことを聞いて、なるほどと思ったんですが、本当にB子は、辞めるように、辞めるように行動していたんですね。タバコの件にしても、家出の件にしても、そのほかいろいろなことを、わざと目立つようにしてたんですね。

ですから、先生のお話をうかがって決心しました。B子にいまの学校を辞めさせます。けれども、その先が心配なんです。先生の前では、ほかの高校に行くなり、定時制に通うなりすると言ってますけど、私どもが娘と話しますと「働く」と言うんです。「働くって言ってもどこで働くんだ」と聞くと、「喫茶店のウエイトレス」なんて言うんです。それじゃ、B子のために何にもならないし、ウエイトレスが嫌で辞めたりして、水商売なんかに入られたんじゃ、親としては困ってしまいます。

正直な気持ちとしては、まだ娘に働いて欲しくないんです。

タメ　お父さんのお気持ちはよく分かります。僕の前では「ほかの学校や定時制に行ってもいい」と言いますが、僕ももう一つ信用できないところがありますし、いまのところ考えてみると、B子の学力ではほかの学校に転入するのは難しいんじゃないかと思うんです。可能性としては定時制があります。

定時制への転入は、ほぼ大丈夫だと思うんですが、それでも問題は残ります。それは、昼間の時間の使い方なんです。働かせたくないとすれば、どのように昼の時間を過ごすか、ということですよね。お父さんやお母さんのところだけではなく、定時制に通わせている家では、大なり小なりこの問題で頭を痛めているというのが現状です。

ほとんどの家庭の場合、たとえばタイプの学校に行くとか、美容師の学校に行くとかかという子どもが多いんです。それでも、問題は残るんですよね。この種の専門学校というのは長くて一年でしょう。ですから、一年はなんとかなるとして、そのあとが……。

まあ、B子に関しては、定時制に行くにしろまだ三か月ぐらいありますから、その間にいろいろと考えてみたいと思うんです。けれども、この三か月というのも、少し何とか考えないと……。

ただ、家でブラブラしているのもＢ子のためにはよくないでしょう。昼間家でブラブラしている子どもたちが、お互いに連絡を取り合って遊んでいたらしょうがないですし……。

これは私の考えで、うちの女房にも話してあることなんですが、定時制なり何なり、Ｂ子がどこかの学校に決まるまで、うちで預ろうかと思っているんです。

Ｂ子にとって、いま人生の最初の岐路に立っていると思うんです。ですからその間、家を少し離れて、自分の人生について少し考えて欲しいと思います。どうもいまの状態では、両親とＢ子が話し合ってもお互いに感情的になってしまい、いい結果が出てくると思えないし、お互いに疲れてしまうんじゃないか、と思うんです。

だから、しばらく間、お互いに離れて考えてみることも必要だろう、と思うんです。そうすると、僕の家ならば両親も安心だろうし、僕としてもじっくりＢ子と話をすることができるし、Ｂ子にはちょっと苦しいことかもしれないけど、自らいまの高校を辞めると言い出したんだから、多少は我慢するのも必要なのではないかと思います。

母親　先生にそうしていただけるなら、うちとしても安心です。ねえ、お父さん。

父親　そりゃ、そうしていただけるんだったら安心だけど、迷惑ではないんですか？

タメ　迷惑だなんてことありません。それに、家に来るのはB子が初めてじゃなくて、毎年、一人や二人はいますから、慣れっこになっていますし……。

ほぼ、この日の話はこれにつきました。退学の手続きやら、私の家に引っ越す荷物の整理やらで、四、五日後にB子は私の家に来ることになりました。

結論を書けばたったこれだけのことですか、毎日毎日、B子は「私の家に行くのは嫌だ」と言って、両親をてこずらせたようです。

ともあれ、B子は私の家族とともに生活しはじめました。三か月ほどの間でしたが、B子はB子なりに、自分の生きる方向を少しは考えたようです。

▼・父親とともに働く

私は私で、B子についていろいろな可能性を考え、それをB子に伝えました。どうも、B子の全日制への転入は難しいこと。それでも昼間学校に通いたいのであれば、三部制の定時制があること。通常の定時制に通うのであれば、昼間の時間に通える専門学校のことなど。それに対して、B子はどのように思うのか……。

B子は最初、私と私の家族に警戒的で、ほとんど自分の考えを口に出すことはなく、何となく投げやりな感じがしました。無理もないことだと思います。突然、他人と住むという状況がつくられたのですから……。

それでも、私の家族と遊びに行ったり、たまにはお酒の場にも連れていきました。私ではなく、女房とボーイフレンドのことや洋服のこと、レコードのことなどを話したりしているうちに、徐々にですが緊張がとれてきて、私ともいろいろと話をするようになりました。

その結果、Ｂ子が出した結論は、昼間はイラスト関係の学校に通い、夜は定時制に通うというものでした。とりあえず一年間はそうしてみる、ということで、両親も私も了解しました。そして、私とＢ子の約束で、絶対に高校だけはどんなことがあっても卒業すること、昼間は、必ずどこかの専門学校なり、それに近い形のところで何らかの技術を修得すること、万が一両立が難しいということになったら、定時制を続け、昼間は私のところに通うなり、同居することをお互いに約束しました。

その後、Ｂ子は頑張りとおし、昨年［一九八一年］無事に卒業し、父親の会社に勤めています。

Ｂ子と私の付き合いをとおして（何も、Ｂ子とだけの付き合いだけではないのですが……）感じることの一つは、子どもによっては、いったん入学した高校を辞めて、高校を変えたり、あるいは別の道を歩んだほうがよい場合が多々あるということです。

もちろん、せっかく苦労して入学した高校なのに辞めるなんてとか、高いお金を払ったのにとか、あるいは、あと一年ぐらい辛抱すればいいのにとか、せめて高校ぐらいは卒業しておいたほうがいいとか、といった大人の思いがあることは充分に分かります。

そして、辞めさせることは、子どものわがままに屈服してしまったとか、子どもをさらに甘やかす結果になるといった批判のあることも承知しています。

そのことについては、ほとんどの場合、無条件に大人の考え方が正しいと思います。しかし、子どもは千差万別なのです。そこにいさせることが、逆にその子どもをなお一層追いつめてしまい、取り返しのつかない結果になってしまう場合があるのです。

私とて、何度も言うようですが、高校に行ける状態であれば、すべての子どもに行って欲しいと思っていますし、辞めて欲しくないと思っています。しかし、ことは生身の子どもたちのことです。私たちの思い入れや経験からでは推し量ることのできない子ども自身の思い入れや考え、そして経験があります。一概に、何々をすべき、何々であるべき、などと言うことはできないのです。

要は、その子どもに大人が付き合い、彼らの考えや経験、そして、そのなかで考えた事柄など、じっくりと、しかも熱意と誠意をもって接し、ともに考えていく根気を大人がもち続け、子どもを見守っていくことが大事だと思うのです。

世界を変える子どもたち――自閉症Ｃ君の場合

その母親とＣは、自転車に乗ってタメ塾にやって来ました。事前にＣのことは、私たちの頭の中に入っていました。ある訪問学級に勤めている知人から、「Ｃという少年が塾の近くにいるのだが、付き合ってくれないか」と頼まれていたのです。知人は、Ｃと、Ｃと付き合う母親について事前に知らせてくれていました。Ｃというのは、心理的診断では「自閉症」、「知能指数判定不可能」な子どもで、いままでは訪問学級で治療なるものを受けていたそうですが、今年就学ということで、大変な苦労をして地域の「普通学級」に入学したそうです。

入学したのはいいのですが、実際は、毎日午前中一時間だけ授業を受けるというものでした。あとになって、午前中と給食時までとなりましたが……。そして、お母さんがＣに付き添うことが授業を受ける条件となっていました。

タメ塾に来たＣは、入ってくるなり、ソファの上で飛びはねるわ、本箱の上に乗るわ、音の出るもの、とくに金属製のものを手に取って互いにぶつけながら音を立て、ほんの少しでもそれに飽きると下に落すわで、一瞬もじっとしていませんでした。その都度、お母さんが「Ｃ、だめよ」という鋭い声を出しながら、Ｃの動きに合わせてお母さんも動いていました。

お母さんは立ったままで、しかも、足のつま先だけで立っているのです。「疲れるだろうな」というのが実感でした。

私は、Cよりはお母さんのしんどさのほうが気になりました。お母さんの顔は土気色とでも言うのでしょうか、何とも言い表せない顔色をしていましたし、本当に疲れているなーという顔つきをしていました。また、Cを見て、本当に付き合っていけるのかな、という感想を私たちがもったというのが正直な気持ちでした。

Cを交代で見ていることにして、お母さんと話をすることにしました。

▼●生きること、やめたい

タメ　初めまして、僕が塾長の工藤です（こちらがY、M、Uです）。

母親　Bです。よろしく。ジーパンで来られるところでホッとしたわ。

タメ　あらましは知人から聞いてますけど、Cはウルトラ自然児ですね。ところで、お母さん、お母さんは僕たちに何を期待しているんですか?

母親　そうねえ、何なんでしょう。しいて言えば、治療とか教育とかって言うんじゃなくって、もちろんそうなれば最高だけど、そんなことは抜きに、Cに対して若い人たちがそれぞれに、それぞれのかかわり方で付き合ってくれれば、ということぐらいかな。

タメ　お母さん、最初から言っておきますけど、僕たちはCに治療とか教育なんてできっこないし、する気もありませんよ。付き合いを拒絶する、っていうことじゃなくって、そういう専門の場ではないという意味で。

母親　もちろん、それで構わないって思ってるわよ。

タメ　「構わないわよ」って言われても、せいぜい僕らができるのは、Cのベビーシッターみたいなもんだと思いますよ。それ以上のことを言われても、何て言ったってCみたいなウルトラ自然児と付きき合うのは、僕らのほとんどが初めての経験なんだから。僕は初めての経験ってのは好きだから、それなりに興味はあるけど。興味はあっても、正直な話、何も知らないんだから……。

母親　Cと付き合ってくれれば、何となく分かってくると思うのよ。前に通っていた園の先生たちだって言ってるもの、Cと付き合えれば、あとは誰とだって付き合えるって。それぐらいCは、珍しいっていうか……とにかく何とでも言えるのよね。

タメ　もう少し僕の感じを言うと、Cと付き合っていく、というより、お母さんと付き合っていく、という感じが強いですね。お母さんの顔を見て、ずいぶん疲れてるなって感じがするんです。毎日毎日Cと付き合って、息を抜くときがないんじゃないですか？

母親　本当言うとね、もう限界かな、と感じてたんです。言うと笑われるかもしれないけど、生きていけない、と思うときもあるんです。

タメ そのあたりは想像つくんだけど、実感はもてないところだと思うんです。でも、しんどい、って感じは分かります。

だから、僕たちはCのベビーシッターをやって、お母さんの自由な時間をつくってあげたいなって思うんですよ。一週間に一日ぐらいそんな時間があったっていいですよね。少し、僕たちが慣れたら、その自由な時間を多くしていくことも考えられるし。

だいたいは、こんな話をしました。初対面の私が「疲れている」という感じをすぐに受けたわけですし、本人も「限界に近い」と言うわけですから、本当に疲れて、ややもすると「生きること」すらやめてしまうような気がしました。

▼●お母さん、もっと楽に

とにかく、私たちはCと付き合うことになりました。けれども、何しろCのようなウルトラ自然児は初めての経験ですから、一人ひとりが不安を抱いていることだけは確かでした。そこで、私たちは会議を開いて、Cとの付き合いに関する体制を暫定的につくりました。

一つは、Cに慣れるまで、あるいはCが私たちに慣れるまで、二人一組のチームをつくって付き合おうということ。も一つは、Cとの付き合いはもちろん、母親との付き合いも長期間になるであろうから、私たちが疲れないために、当面は一週間に一日、三時間にしよう、ということです。そのほかに、お母さんの経済的負担も多くならないように、Cとの付き合いの賃金は、一人一回一〇〇〇円、すなわち、時給三五〇円足らずとすることです［当時のことです］。

これらの三点を確認して、Cとの付き合いがはじまりました。私たちは、最初の三か月ほどは、付き合いというよりもCを一方的に引き回わして疲れさせることだけに神経を使いました。

それは、お母さんの要望でもありました。できるだけ運動をさせて疲れさせて欲しい、ということです。どういうことかというと、「疲れさせると夜はぐっすり眠る」というのです。雨の日など、戸外で運動できないと、Cはなかなか眠らず、いつまでも起きていて、お母さんを悩ませているそうです。一種の、ヒステリー状態なのです。

Cは、本当にちょっとの間もじっとしてはいられないようです。そして、気付いたのですが、Cは絶対に私たちと視線を合わせないのです。高いところが好きで、音のするものが好きで、何と言っても水が大好きなのです。水が大好きと言っても、水泳や川遊びが好きというわけではなく、水道のような少しの水のところで、コップに水を一杯にしてはそれを手に流すという動作を際限なく続けることが好きなのです。そして、葉の青い食べもの、ホウレンソウなどのようなもの、木々の葉っぱも口に入れてしまいました。

Cと付き合っていろいろなことが分かってきたのですが、私たちは何ら統一的な付き合いが考えられず、各自の方法——その方法も、ほとんどはCを観察するというような次元のことを繰り返していました。

しかし、三か月もすると、Cは私たちを受け入れてくれるようになりました。Cを迎えに行くと、私たちを見てニコッとして、走り寄ってくるようになったのです。そうなると私たちは、Cに興味というよりは、当初の怖れというものがなくなり、若干の意志がお互いに伝わり出し、その意志の範囲がどれだけ広げられるかという付き合い方をするようになりました。

Cとの付き合いを重ねるということは、Cのお母さんと付き合いを重ねることを意味します。いろいろなことを話すようになりました。毎日、Cと付き合って、学校まで付き添って、遊びに付き合うという日々はお母さんを極度に疲労させていること。そして、その疲労が「生きること」を放棄してしまおうか、死んでしまおうか、とお母さんを追いつめてしまうことなどです。

Cを普通の学校に通わせることは、お母さんにとってとても辛いことだ、ということが分かったと同時に、私は思いました。なぜ、市や国、そして学校はCをお母さんだけに押しつけようとするのだろうか、と。

もちろん、日常の家庭生活までとは言いませんが、Cが学校に行っている間だけでも、補助教員を一人つけてくれるだけでよいのです。それだけで、Cのお母さんにとっては、どれだけ「生きる」支えになるかもしれません。そんなことすら、しようとしません。私は、お母さんやCと付き合えば付き合うほど、市や国や学校に腹が立ちました［あくまでも当時の話です］。

けれども、お母さんは言います。Cと毎日学校に行っていると、「同じクラスの子どもたちがCの面倒を見てくれたりする」のだそうです。また、近所で遊んでいたりすると、子どもたちが「C君」と言って寄ってきて、遊びに付き合ってくれたりするそうです。

お母さんにとって、その子どもたちの行為が「たまらなく嬉しい」と言います。だから、お母さんは、無理をしてでもCに付き添って普通の学校に行かせているのだそうです。

私は、お母さんのこの考え方に全面的に賛成です。健常者も、障害児（者）もいて、社会なのです。それは、男の子、女の子がいて社会なのだ、ということと同じぐらい当たり前のことなのです。それなのに、文部省［現文部科学省］や学校、そして一般の人々すら、障害児（者）を隔離してしまおうと考えています。

そんな考え方はまちがっています。

一つは、先にも述べたとおり、健常者も障害児（者）もいて「社会」だということです。もう一つは、子どもたち同士の出会いの場を失わせることです。出会いがなければ理解もありません。私たちとCとの出会いがそうです。出会い、付き合えば、お互い（Cの場合、お互いと言えるかどうかは疑問ですが）に理解しやすくなります。

理解ができれば、今度は認めあうことができます。認めあうことができれば、ともに生きることができます。それを「特殊学級」［現在は特別支援学級という。以下同］や「養護施設」などに閉じこめてしまうと、その出会いがほとんど断たれてしまいます。

これはまちがいです。とはいえ、まちがいと言っても現実は厳しいものです。私たちの無力さを、嫌というほど思い知らされることになりました。

それは、Cが小学校の二年生になる二、三か月前のことでした。

▼・普通学級から特殊学級［特別支援学級］へ

母親　私、決めちゃったの。

タメ　何を？

母親　Cを特殊学級に入れようと思うの。いろいろ考えたんだけどさ、クラスの子どもにも悪いし……。

タメ　……。

母親　O小学校にもあるんだけど、K小学校の特殊学級のほうが、私はCのためにいいと思ってるんだ。

タメ　お母さん、ちょっと待ってね。突然だからさ。

決して、私の意識のなかで、お母さんがＣを特殊学級に入れることを考えていそうだ、と考えていなかったわけではありませんが、本当に勝手な考えなのですが、お母さんにもう少し、普通で頑張って欲しい、という思いをもっていました。そして、その間に、私たちが何らかの力をお母さんとＣに対して、いまよりも多く出せるような体制をつくりあげようと考えていたのです。しかし、それには時間がかかります。確実に、お母さんは疲れ続けていくのです。

また、もう少し私の勝手な考えがありました。それは、原則として、「障害児」と呼ばれる子どもが、「普通」の子どもや社会と隔離され、分離されて生かされることに反対である、という私の考えです。特殊学級や養護施設などという別の空間をつくり、そのなかに同じような状況の子どもだけを集めるというのは誤まりだ、といまでも思っています。

私は、子どもがあらゆる状況の子どもと出会う「場」、「空間」として学校があるべきである、という考えをもっています。出会わなければ互いに理解しあうこともない、と思うのです。出会いがなければ、お互いが、お互い同士、とくに「普通」の子どもにとっては、障害児はあくまでも想像としての障害児であり続け、きつい言葉で言ってしまえば「差別」という状況をさらに強いものにしてしまうのではないだろうか、という考えを私はもっています。

そのためにも、お母さんには頑張って欲しい、と思ったのです。もちろん、ずいぶん身勝手な思いだ、ということも自覚しています。なぜならば、お母さんの疲れや苦しみを軽くする状況をつくり出せていないからです。ですから、このまま私の思いをお母さんに押しつけることは「引き回し」以外の何物でもないと思います。

ですが……です。一応、私の基本的な考えを伝えました。お母さんは、私の思いなど、Cを考えるときには百も承知していたことだと思います。ですから、一年生の入学時に、特殊学級ではなく普通学級に行かせたのです。そして、一年近く頑張ってみての、仕方なくの結論であり、お母さんの無念さは想像にあまります。それでも、私の思いをお母さんに伝えました。それは、私の無念さを、お母さん相手に語ったにすぎないのですが……。

無念さは、腹立たしさとともに己の無力さを表現していました。たった一人のCと、そのお母さんとさえ付き合いきれないのです。

とはいえ、いつまでも己の無力さを嘆いていても仕方ありません。Cは生きているのです。次に私たちがしなければならないことは、お母さんの出した結論に沿って、私たちに何ができるのか、ということです。

お母さんが、Cを住居の近くではなく、たまたま私の住居に近いK小学校に入れたいということで、その希望に沿って現実の対応を考えました。残念ながら、今の教育現状では、お母さんの住居近くのO小学校にCを入れる以外に手がありません。さらに、もう一つの問題は、Cは特殊学級にすら入れず、ほかの施設に、ということになりかねませんでした。

まず、お母さんと私は、技術的な問題、それは住居について考えました。K小学校に入れるには、どうしても住居を変更しなければならないのです。お母さんは、私の住居近くの「都営アパートに申し込みをするつもりだ」と言いました。万が一、それがだめな場合は、「なるべく広い一軒家がよいと考えている」とも言いました。Cが、夜中など歯が痛いときや身体の調子が悪いときなどに、どうしても大きな声を出してしまい、いまの公団住宅では隣り近所に気兼ねをしてしまうという理由と、雨の日などはどうしてもCが運動不足になるので、広ければ、その中で身体を動かすことができるのではないか、という理由でした。

けれども、広い住居は金銭的にどうしても高過ぎてしまい、結局、断念せざるを得ませんでした。このことについても腹が立ちます。Cみたいな子どもをもつ家庭は、どうしても一般の家庭よりも広いスペースを必要とします。何も贅沢な思いからではなく、生活に必要となる最低条件なのです。この点に関しても、政治は何もやろうとせず、すべてを家族の責任にしてしまっているのです。

こう考えてみると、都営アパートがだめな場合、住居を移すことが難しくなります。そこで私は、お母さんに一つの提案をしました。書類上、私の家にお母さんとCが同居をするということにしてはどうか、ということです。それではあまりにも動機と必要性の根拠に乏しいので、「建前上、お母さんは私のところで働くということにしたらどうだろうか」と言いました。

お母さんは、「それでは、あまりにも迷惑をかけすぎる」と言って、なかなか承知しようとはしませんでした。ですが、私にとっては、これらのことは、技術上何ら難しいものではないことをお母さんに話して、納得してもらいました。

正直に言いますと、私の家に「同居」をしている人、していた人は何人もいます。もちろん、ほとんどの場合は形だけのものです。それは、私の住居が借家で狭いというだけの理由です。ただ、私の家に「同居」せざるを得ない人は、いまの社会では、Cのように自分の行きたい学校などに行けないという、選択の自由を奪われた人たちなのです。

それが「違法」な行為であることも承知しています。しかし私は、たとえ「違法」であったとしても、法の矛盾で悩んでいる人や困っている人がいることは事実なのですから、何ら「不正をしている」という意識はありませんし、万が一、それで何らかの法的制裁を受けるとしても、その問題に対して、真正面から受けて立つだけの覚悟をもっていました。

▼少しだけ自由になったお母さん

CをK小学校の特殊学級に入れる技術的な面は何とかできる、ということになりましたが、そのほかの問題がいくつか残っています。転校には、必ず教育委員会というものが関与してきます。「普通」の子どもの転校に関しては、ほとんどの場合、書類上のことだけであって、教育委員との直接面談などということはありませんが、Ｃのような子どもに関しては教育委員会が重い存在となります。

しかし、何といっても、教育委員会へ行く前にＫ小学校に行き、特殊学級の先生方や校長先生などの了解をとっておく必要があります。なぜなら、現実に毎日Ｃを見てくれるのはＫ小学校となるからです。これはお母さんの役割です。お母さんが何度かこの小学校を訪ねた結果、小学校はＣの転校に好意的でした。

その好意と快諾をもって、いよいよ教育委員会に行くことになりました。お母さんとＣ、それに私、さらにＣと長年関係のあった保育園の先生とともに出掛けました。それは、不安をもっての行動でした。なぜならば、Ｃの転校が許可される保証はどこにもなかったからです。

教育委員会に到着し、私たちは小さな会議室に通されました。そこには、Ｋ小学校の教師がすでに到着していましたが、教育委員会の人はまだ一人もいませんでした。お母さんが、Ｋ小学校の校長に私を紹介しました。その紹介が終わるころ、四名の教育委員会の人が入ってきましたが、教育委員会の人はお母さんとＣだけが来るものと予想していたらしく、私と保育園の先生という余計な二人を見て、一瞬顔をこわばらせましたが、そこは大人です。すぐに笑顔をつくって、着席しました。

簡単にお互いの自己紹介をすませ、Ｃの処遇に関しての話に入りました。教育委員会の人々は、お母さんに対して、「いまの住居の近くに通うべき『特殊学級』があるのに、なぜK小学校でなければならないのか」といったことを何度も質問しました。その質問に対してお母さんは、顔を赤くしながらも懸命に返答していました。

その繰り返しのなかで、教育委員会のある人が、「本来なれば、C君は特殊学級にすら入れない」といった発言をしました。私は、この言葉に腹が立ち、激しく反論をしようかと思いましたが、事前の打ち合せで、私の役目は、お母さんが私のところに同居をし、仕事をする、という点を問われたときだけその理由を述べる、ということでしたので我慢しました。

何と悪らつで、無責任な言葉でしょう。もともと、お母さんはCを普通学級に入れておきたかったのです。けれども、さまざまな思いや考え、そして現実を考えに考え抜いて断腸の思いでCを特殊学級に、と考えたのです。そんなお母さんの思いなど、まるで理解しようとしないのです。

本来は、Cが普通学級に通っているときに、教育委員会がCに付き添うべき人を配置したり、Cがそのまま通えるようにさまざまの方針を提出し、実行しなければならないのです。にもかかわらず、いままで何もしてこなかったばかりか、「Cは特殊学級にも無理」と考えているのです。

頭の中でこのようなことを考えていると、K小学校の校長先生が、明確な口調で「K小学校で責任をもってC君を引き受けます」というような旨を述べられました。その口調には、何ら気負ったふうもなく、それこそ自然に語られた、という印象があります。

この校長先生の言葉で、ほぼ決まった、と思いました。教育委員会の人が、「校長先生がそうおっしゃるのならば……」ということで、何となく、あっけなくすんでしまいました。ただ、終わりに、「お母さんにはもう一度来ていただきます」という言葉が気になりました。

とにかく、CはK小学校の特殊学級に通えるようになりました。Cが普通学級から特殊学級に通うことになって具体的に何が変化したのか、普通学級のように、毎日授業にお母さんがついていく必要がなくなり、お母さん自身の時間ができた、ということです。日常の疲れが多少なくなったということは大きいと思います。お母さんの気持ちに「ゆとり」ができたのではないかと思います。

それは、お母さんの顔を見れば分かります。最初、私が会ったときには土気色（つちけいろ）をしていた顔に、生気が取り戻せたような感じでした。最初に会ったとき、失礼なことですが、「年のわりには老けている」と思えたのですが、このときは「若くなった」と感じたものです。お母さんとCにとって、距離をもてる時間があることは、お互いの関係にとってもよいことだと思います。

▼・C君の行末

ただ、Cが特殊学級に通い、お母さんに時間ができると、私たちとの関係はどうなるのか、といった問題が出てきます。Cのベビーシッター的な側面を担い、お母さんに多少の自由時間をつくるという当初の目的が「不要」とは言いませんが、緊急の課題としては存在しなくなりました。となれば、当然のこととして、私たちとお母さん、そしてCとの関係について新たに何らかの課題を付与しなければならなくなります。

これは、私にとって簡単なことではありませんでした。Cとお母さんにとって、私、そして私たちの集団は、何らかの専門家集団ではなく、私たちの力を必要とする緊急性とその必要性に対する、私たちの認識がなければ付き合いの意味がなくなってしまうと感じたのです。

意味がなければ付き合えないのか、というと、決してそうではありません。付き合う、という行動だけはできます。そして、それが一番楽なことなのですが、私にとっては、ただ単に付き合いだけが継続するというのでは、「私、あるいは私たちでなくてもいい」ということになります。私たちでなくともいいというのであれば、ずいぶんと気が楽になります。

気が楽になる、というのはどういうことかといえば、私は、私自身の「生きる」ということに集中ができるということです。これは、漠然としか表現できませんが、塾をやり続けるということとは別の意味で、「生きる」ということを考え続けてきました。それは、いまでも何ら変わることはありません。

それをつなぎ止めてきた一つとしてCがいたのです。そして、お母さんもいました。私が私自身の目的に沿って生きるということは、私にとって大きな意味があります。それは、私にとって必要なことなのです。けれども、私にとって必要なこと、ということと、私を必要とする人々がいる以上、何らかの形を残すまでは「その場にいる」と考えています。

その一つが、お母さんであり、Cだった、ということが言えます。しかし、必要がなければ、すなわち私でなくともほかの人々に代替が可能であるとすれば、私は、私の「生きる」ことに執着したいと思っています。

その意味で、何らかの必要性の根拠がなければならない、と考えたのです。

Cとお母さんとの付き合いがはじまってから四年が経過しました。ここで、何らかの付き合いにおける質の変化について、お母さんと私、そして私たちがお互いに考える必要がある時期に来ていると思いました。どんな形になるのか、いまのところは何も分かりません。ただ、Cの将来ということを考えると、私のほうから「関係を切る」ということは考えられません。それは、すでにCと付き合ってしまったからです。付き合ってしまった以上、私には私の責任があります。

将来にわたってのCの自立、ということです。これは簡単なことではありません。Cが自立する、ということはいったいどういうことなのか。それに対して、私に何ができるのか。この問題は、この先、かなり長期的な問題として残ると思います。

私は、いまこそ、お母さんと私、そして私たちがこの問題をめぐって話をし、行動すべき時期に来ていると考えました。さらに、この問題は、私や私たち、そしてお母さんだけの力では解決できるような問題ではないほど大きなことだと思っています。今後、さまざまの人々の力を得て、「人間の渦」という形で解決の方向を模索していきたいと思っています。

冷たい心じゃないんだ——自閉症S君の場合（スタッフ二人の報告）

タメ塾では、いろいろな子どもたちと接してきましたが、すべてがうまくいったわけではありません。さまざまな試行錯誤を繰り返してきました。そして、「学習塾」という制約からくる口惜しさや、付き合いが断絶されるということもありました。

次の二つの報告は、S君にかかわったタメ塾のスタッフが、『伝統と現代』（平凡社）一九七九年一月号に発表したものです［原文のまま掲載］。

▼・お腹がいたい……

私が高校生のS君と最初に出会ったのは去年の七月である。その頃はちょうど私がここの塾へ来始めた時であり、S君とのつき合いはここの塾生の中では一番長い事になる。このS君とのつき合いを少し振り返ってみようと思う。

私がS君と「授業」という形で、週に三回、毎回三時間のつき合いを始めた最初の時の事である。S君は約束の時間になってもあらわれず、とうとうその日はやって来なかった。二回目の時は約束した時間よりも一時間ほど遅れてやって来た。その時S君は入って来るなり、あいさつもせずに教室に入りドアを閉めてしまった。私が教室に入りあいさつをしても、返事もせず黙って下を向いて坐っているだけだった。私はS君とつき合い始める前に、「自閉的」な傾向を持っていて、いままでに数回しかこの塾に来ていない事や、来ても下を向いて黙っているということを聞いていた。

しかし、実際にS君と向きあってみると、あいさつはしたが次に何を言ったらよいのかわからなかった。彼との間にしばらくの沈黙が存在してしまった。私は、あいさつをして、その相手から答えが返ってこないことに慣れていなかったので、言葉がスッと出てこなくなってしまった。

とりあえず自己紹介をし、前回はなぜ来なかったのか、を聞いた。しかし、S君はじっと下を向いているだけで、私の質問に答えてくれなかった。私はあまり気の長い方ではないので、「体の調子でも悪かったの。」とか、「電車が止まっていたの。」等、予想される答えを彼に言った。それでも彼は下を向いたまま頷く事もせず、黙って下を向いていた。四十分かそれ位経った時、彼は、「先生、お腹が痛いので、帰らせて下さい。」と、蚊の鳴くような声でボソッと言った。そして、こちらが何か言おうとする前に、席を立って帰ってしまった。私は呆気にとられて何もできなかった。それが、私とS君の最初の出会いだった。それ以来、S君は私の中に、気になってしかたのない者として、存在し続けるようになった。

▼・床をみつめるだけのS君

その後もS君は、毎回のように遅れて来た。スッポカされる事も、何回かあった。彼は塾の近くまで来ていたのだが、塾へは来ずに、その付近を歩いている様子だった。そのことに気がついた時、S君を迎えに行こうと考えたこともあった。しかし、彼が自分から塾へ入って来るのを待つことにした。それは、彼がこの塾に対して、警戒心を持ち、未知の私に対して、心を開いていないから入ってこない、と判断したからである。その時は、まずS君の心から警戒心をなくすことが重要なことだ、と考えたのである。

そこで私は、「何が好きなの」、「学校はおもしろい?」等、S君に関する情報を聞き出そうと、いろいろと質問をしたのだった。だが、ほとんど答えてくれず、私は多少ならずあせりを感じ始めた。だから、次に会った時は、具体的に、「映画は好きかい。」「洋画かい。邦画かい。」とか、「数学はきらい?」などと聞きまくった。その時、私の質問と自分の答えが一致すると、ほんのわずか首を動かし頷くのだった。こんな調子で、私の方が一方的に聞きまくることが、何回か続いた。

しかし、あまりに一方的に、私がしゃべるので、私は聞くことに疲れてきていた。そして、多少不機嫌に、「おまえ、頷いてばかりいないで何か話せよ。俺ばかり話していては、疲れてしまう。」と、言ってしまったのだ。私がそう言ったことで、S君は萎縮してしまい、その後は頷くことすらやめてしまった。そして、また、「先生、お腹が痛いので帰らせて下さい。」と言って、席を立って帰ろうとした。私が、「チョット待てよ」と追っても、逃げるようにして、帰ってしまった。その後の数回は、一時間ほど遅れて来て、二十分か四十分いると、「お腹が痛い」と言って帰ってしまうことが続いた。

その間、私はS君と何かコミュニケーションをもとうと思い、作文を書いてもらうことにした。書き始めたばかりのころは、一～二行位しか書かないので、S君に対して具体的なことが言えずに、イライラすることもあった。

しかし、何回か書いてもらっているうちに、彼の書く量も増していった。その作文を読んだ私は、自分自身のことや、S君についてどのように思うかを話すようにした。こんな形で、彼とのつき合いは展開していくのだった。

この間に私が注意してきたのは、作文について何か言う時も、一方的に話しをしないということだった。これは、前の失敗のためもあるが、S君が自分の話し言葉で表現をする努力を、奪いたくなかったからでもある。現在の社会で、言葉を使わずに生きて行くことは不可能であり、将来一人で生きていく上でも、話し言葉は必要だと思ったからである。そして、S君も同様に、自らが話しをしなければいけないと、考えていたためでもある。その他の事には、ほとんど注意をしなかった。話しの内容については、私の思ったことを、なるべくストレートに、語り続けた。

▼・「こんにちは」がいえた

こんなふうに、S君とつき合っていくうちに、S君側に変化が、徐々にではあるが表われてきた。最初のうちは、「冗談を言っても黙って下を向いていたのが「クッ。」と笑うようになってきたり、いままでは爪先だけを床につけていたのが、足の裏全体をつけるようになってきた。私たちに対する警戒心が解け始め、少しではあるが、心を開きはじめていたのだ。

この後、S君は約束した時間にも遅れず、逃げるような帰り方もしなくなった。私以外の人間がいても、あいさつをしたり、一緒に音楽を聞いたり、本屋へ行ったりするようになっていった。私も最初の頃のように、気をつかうことなく、背中をたたいたり、時には怒ったりもできるようになっていった。

最初の頃の、私とS君の関係には、コミュニケートできないという「障碍」があった。それ

郵便はがき

料金受取人払郵便

新宿北局承認

6524

差出有効期間
2024年3月
31日まで

有効期限が
切れましたら
切手をはって
お出し下さい

169-8790

260

東京都新宿区西早稲田
3—16—28

株式会社 **新評論**
SBC(新評論ブッククラブ)事業部 行

お名前	年齢	SBC会員番号 L 番
ご住所 〒 — TEL		
ご職業 E-maill		
●本書をお求めの書店名(またはよく行く書店名) 書店名		
●新刊案内のご希望	□ ある	□ ない

SBC(新評論ブッククラブ)のご案内

会員は送料無料!各種特典あり!詳細は裏面に

SBC(新評論ブッククラブ) 入会申込書	※✓印をお付け下さい。 → SBCに 入会する□

読者アンケートハガキ

●このたびは新評論の出版物をお買い上げ頂き、ありがとうございました。今後の編集の参考にするために、以下の設問にお答えいただければ幸いです。ご協力を宜しくお願い致します。

本のタイトル

●この本をお読みになったご意見・ご感想、小社の出版物に対するご意見をお聞かせ下さい
（小社、PR誌「新評論」およびホームページに掲載させて頂く場合もございます。予めご了承ください）

●**購入申込書**（小社刊行物のご注文にご利用下さい。その際書店名を必ずご記入下さい）

書名　冊

書名　冊

●**ご指定の書店名**

書店名　都道府県　市区郡町

は、私があまりに話すという行為にこだわったためのものである。私のコミュニケーションの一つの手段を、無理に押しつけようとしたことで、逃げ帰ってしまうのだった。私が話すことにこだわらず、作文という手段を用いて、彼とコミュニケーションをすることによって、「障碍」を乗り越えてきた。S君とつき合い続ける中で、「障碍」を彼の側に帰してゆくのではなく、互いの関係の「障碍」として引き受けつつ、互いにそれを乗り越えようと努力することによってのみ、それは解消できるのではないかと思っている。

このように思いつづけてきた一方で、一面ではS君に話しをすることを強いてきたところもある。それは、S君が現実社会の中で生活をしてゆく時の問題である。「関係」の中にある「障碍」を克服する努力を、社会生活の中で関わってくるすべての人々と持てるかということである。それは、おそらく不可能に近いだろう。

だからと言って、S君に「健全者」の「適応」の論理を押しつけていけるわけはない。こんなふうに迷いながらも、話しをすることを強いている自分に、後ろめたさを感じている。このことは、今後、S君と私達の集団が課題として引きずり続けるものであろう。

深瀬正史

▼・イエス・ノーだけのS君

ぼくが初めてS君と出会ったのは、今年の四月のことであった。もちろん、それ以前にも塾には来ていたから、顔をつき合わせる機会は一度ならずあったし、彼とのつき合いに関してはしばしば話題に上っていたから、情報だけはさまざまな形で得ることができていた。

しかし、具体的に週一回・二時間の授業、という形でのつき合いが始まってみると、当然、頭で考えていたこととは勝手が違ってくる。しかも、この半年間に、S君をめぐる状況に大きな変化が生じている。そうした意味では長い半年であったと思う。

初めての授業の時は、やはり緊張した。何を話したかはもう忘れてしまっているが、ただひとつ、概略次のように宣言したことを覚えている。「学校の勉強は、必要な時以外、あまり積極的にやる気はない。むしろ、君にいろいろと喋ってもらい、二人で会話する時間を作ってゆきたい。」ぼくの受け持ちは国語だったのだが、小手調べにいろいろと尋ねてみると、彼は漢字もけっこう知っており、教科書の朗読程度はさして苦もなくできるにも拘らず、読解、作文といった作業は不得手であることがわかった。そして、この点に関しては、たとえ当面廻り道をすることになったとしても、他人に対して少しでも心を開き、ことばのキャッチボール＝会話をする訓練により、克服するきっかけがつかめるのではないかと思えたのだ。

予想したことではあったが、Ｓ君は、時間中ほとんど口をきいてくれなかった。とぼしい在庫をひっかきまわし、あれこれ話題を提供してみても、それに対する反応は、いたってそっけないものだった。しばしば、長い沈黙がくり返された。こちらの言うことに対して、イエス・ノー、もしくは、一度に多くて数語の断片的な言葉での対応に終始する状態で、最初の二、三週間が過ぎてしまう頃には、ぼくも漸く、自分が何やらひどくシンドイ形態を選択してしまったのだ、ということを感じざるを得なかった。

しかし、いったん宣言して始めた以上、簡単にやめるわけにもゆかない。第一、ひっこみがつかないではないか。「問題でもやらせときゃ楽なんだがナ」ぼくは、己れの能書きをチョッピリ後悔しつつ、なかば義務感すら覚えながら、あれこれ質問し、或は話しかけ続けた。下手な鉄砲も何とやら、回を重ねるうちに、少しずつではあるが、ぼくの眼にもＳ君の人間像が立体的に見えてきはじめた。旅行に出かけた時の話、映画は好きだが、殺しの場面が出るようなものは観る気になれず喜劇の方が良いこと、散歩のコース、学校ででかけたハイキングの話等々。

話していて気づいたのだが、Ｓ君はけっして体を動かすことが嫌いなわけではなかった。むしろ、それを望んでいるようだった。会話にしても、同じことが言えた。話す意志がない、というのではないのだ。何よりも、ぼくにとって発見だったのは、Ｓ君が飛行機に興味を抱いており、少ないとはいえ本を蒐集すると共に、休日に一人で羽田まで見学に行く、また、テニス部に入部し、生まれて初めて親にねだってラケットを買ってもらう、といった行動力を示したことであった。もちろん、それはいまだ非常に緩慢なものではあったが。「自閉」「緘黙」といった言葉は、ぼくとは縁遠いものになっていった。〈慣れ〉によって解決可能というぼくの直感は、次第に確信に変わっていった。

▼●病気なんだから……

夏になった。七月のある暑い午後、S君の通う高校の教師達と懇談する機会を得た。あたりまえのことながら、塾は、社会的には公教育の補完物でしかない。限界があるのは歴然としている。すでに、親、本人を含めて彼の将来に関する話し合いの場を幾度か設けていたとはいえ、最終的には、成績、進級をはじめとする未来の鍵を、公教育＝高校が握っているのは疑う余地のないことだ。まして、本人も親も卒業を希望している。主体的にS君と接するのは学校であるべきだ。ミーティングの結果、塾の意見は一致した。

ただ、心配な点が二つ残されていた。ひとつは、彼とつき合ってきた二年余の歴史を塾が持っていることだった。「すべて学校にお任せします。ではサヨウナラ」ではあまりに無責任だ。彼自身、急激な環境変化にはとまどうだろう。いまひとつは、学校はS君を病人として見ているのでは、という危惧である。

前者に関しては、懇談の場で、学校との調整が可能だろう、という結論が出た。S君の順応速度を考えると、半年ないしは一年といった長い時間を基準に対処してゆく必要があるからだ。問題は後者であった。これぱかりは、話してみないとわからない。しかも、塾にとっては譲ることのできない部分である。

当日、塾長含めて五名、学校は、担任を含む三名が出席した。予感は的中した。教師達は、しばしば〈治療〉の二文字を口にした。高校生の緘黙は珍しい、ということを理由に〈病気の原因〉を探りたい、そのためには専門家の助力を仰いで、というような考えが、教師達の対応の基盤をなしていた。ぼく達は、それぞれ反論を述べた。我々はけっして病人とは見ていない、S君は正常な判断力、理解力を持っており、気長なつき合いを続ける中で、現状は変革し得る、と。

一方、成績が悪いということも、教師達には気になっているようだった。これまでのつき合いを説明するぼくらに対し、「学校の性格を考えると、やはり成績を上げるよう勉強してもらわねば」と言うのである。これに対しては、反論、というよりも、むしろ、S君の人生にとって大切なのは、世の中を生き抜いてゆくことのできる能力をどう養ってゆくのか、という点にあるのではないか、との主張を、ぼくらは試みた。

二時間あまりの討論の中で、論議を尽すということはもちろん不可能ではあろう。が、ともすれば双方平行線を辿りがちだったこの日の懇談の中にも、ひとつだけ、大きな成果があった。それは、S君に同年輩の友人が必要だ、という点で、双方の合意をみたことだった。すでに、S君の口からはA君という具体的な名前も挙がっており、教師の働きかけに対し、A君もこれを承知した、というところまで事態は進展していた。とりあえず勉強中心に、という教師の発言には不満を残しつつも、塾としては、夏休み中のS君とA君とのつき合いに、全面的に協力することを約束した。ただ、八月末に三泊四日の合宿を計画しており、それに参加するよう声をかけるつもりであることを報告し、最後に、今後も連絡を相互にとりあうことを約束して懇談は終わった。

▼・友だちができた

夏休み中、S君は塾に来なかった。一カ月後、S君は合宿に参加した。A君も一緒だった。静岡県の大井川上流にある閑静な地で行なわれたこの合宿には、彼等以外に数人の高校生と、同数程度の塾の関係者が参加していた。若い連中ばかりで、当然、夜ともなると破目を外した大騒ぎになる。元来、息抜きが目的だっただけに、皆、大いに羽を伸ばした。

二日目の朝、S君は黙って帰ろうとした。面白くない、ということだった。環境の激変に、

S君の体はついてゆくことができなかったのだ。ぼくらは、半ば強引に引きとめた。

S君に変化が起きたのはその後である。その晩、テープの音楽に合わせて踊りまくるぼくらの渦の中に、ほんの数分間であったが加わってきた。翌日のちょっとしたハイキングにも一緒についてきたし、体をこわばらせながらも、ぼくらの勧めに応じてスケートボードにも挑戦した。遂にS君は合宿に最後までつき合いきった。そして、後日、感想を求めるぼくらに対し、こう答えている。

「つき合って良かった。楽しかった。」

こうした一連の変化に関しては、A君の努力を見逃すことができない。この四日間のA君の態度こそ、まさに献身的と呼ぶにふさわしいとぼくは思う。自分からは、なかなか人に働きかけられないS君に対して、A君は四六時中つきっきりで話しかけ、何くれとなく面倒をみてやっていた。A君にとっては、期間中、自分の時間はまったくなかった、と言っても過言ではあるまい。そして、このような状態を見るにつけ、ぼくらの中に、〝九月からはA君も塾へ来るようにすれば〟という思いが生じたところで、別段不思議ではないだろう。

九月初頭、塾で懇談が開かれた。S君とA君それぞれに、それぞれの母親を交えての話し合いの結果、二人は、それまでS君が来ていた時間帯に一緒に来ることになった。週四回、ぼくもそのうちの一回、二時間を受け持った。

今度の場合、ぼくは、以前よりは気楽にかまえることができた。というのも、S君とA君の間には、すでに独自の関係が築かれつつあり、年長のぼくとしては、以前と違って一歩身を引いたところで彼らのつき合いを見守る立場へと、自分を移行させることができる、という判断があったからで、事実、二人は休み時間などにはけっこう楽し気に、例えば映画の話などをしており、ぼくも、その場にはわりあい気軽に、雑談口調で入り込むことができたのである。

学力的にもほぼ同程度であるこの二人に対して、読解・作文の形でことばを構成させるべく、辞書引きのイロハから始めて、熟語を用いた短文作成といった方向へ、授業の質を変化させていった……。

▼・タメ塾に行くな

それはまさに、青天の霹靂というにふさわしかった。S君が、担任教師から、タメ塾を辞めた方が良い、と言われたというのだ。

いつものように授業に入ろうとした途端、「話したいことがあるんです」というS君の言葉にとまどいながらも、とりあえず塾長を交えて話しを聞くことにした。S君が言うには、担任の教師に呼ばれ、塾を辞めては、と言われたとのこと。理由は、学業成績が悪いのに、塾では授業と無関係のことを教えている。これでは通っても意味がない。いま、担任が各教科の教師に頼んで個人指導の手筈を整えているから、それに従って勉強してみては、というのだった。ぼくらにとっては驚きだったが、すでに事態がそこまで進展し、あとはS君の返答待ち、という段階であれば、そうそう驚いてばかりもいられなかった。それに、本来、S君との関係は学校が負うべきものなのだから、今回のことはひとつの前進である、という見方ができないこともなかった。

早速、本人、親を含めて対応策が話し合われた。そして、誤解を解くためにも、早急に再度教師との懇談を持つよう交渉することが確認されたのだった。授業と無関係と言うが、塾では、高校に追いつく前段階として、各教科の基礎を教えていたのだから。

懇談は、担任教師の家で持たれるはずであった。しかし、教育の方法論に問題を集約させ、生徒に関するすべての方針を本人や親に対して話す必要はない、本人には本人向きの、親には親向きの対応があって然るべきで、彼とてその例外ではない。まして塾に関しては……という教師の論理と、こういう時だからこそ、無用な誤解による消耗を避けるためにも、教師、本人、親、塾の四者が一堂に会し、S君の現在と、そして何よりも将来に関する話を、つっ込んだ形でするのが望ましいとするぼくらの論理とは、遂にまったく、かみ合うことがなかったのである。

懇談の際、本人はもちろん、親の同席すら無用、という教師に対し、翻意を願うべく、自宅に電話した時のことを、ぼくはいまでもはっきり記憶している。教師の応対は以下のようなものであった。

「あなた方は学校の方から連絡があると考えていたというが、学校としては、八月中の件に関して結論を出すのは九月に入ってからであるにも拘らず、何の報告もなしに授業再開をしたばかりか、A君まで交えて授業と無関係のことをやっていると聞き、唖然とした。S君に関しては、こちらが主体的に責任を負ってきたし、これからもそうする性質のものだ。これまで何度か親とも話をしているし、時間としても学校にいる方が長いではないか。あなた方の善意と熱意は評価するし、意見をうかがう意志もあるが、いまは本人や親を交えて話す段階ではない。今回に関してはあなた方の落ち度だし、あいだに立って親や本人が苦しむだけである、云々。」

ノラリクラリとかわされた上に、こちらの語調が荒くなると、そのつど、口の利き方が失礼だ、社会常識を外れている、と教えられ、かつ諭され続けたひと時であった。

▼・勉強は学校で？

そしていま、S君は塾に来ていない。担任に計画表を提出し、毎日出される課題にもとづいて、昼は図書館で自習、夕方、始業前の一時間を各教科の教師について自習、という生活を週五日こなしている。将来的には科目数を増やしてゆく方針だそうだが、現在のところ英数国、内容的には塾でやっていたことと大差はない。

学校の教師は、塾とは違って単位、卒業という社会的に通用する判定権を持っている。そんな人から塾か学校か、といった選択を迫られた時、生徒やその親はどのように感じるだろうか。塾ではA君一人の授業が続いている。

結果的には、塾の方から学校との接触を断った形になってから、すでに二週間、この間、塾では前後三回に渡って本人と親を交えた話し合いの場を持ってきた。その中で、ぼくらが一貫して語ってきたことは、およそ次の三点に集約できると思う。

まず、現在、S君も、そしてご両親も、混乱している。そして、その混乱の原因の一端を、塾は担っている。未熟さをさらけ出したことは反省している、ということ。

次に、そうは言っても、今回の事件が、S君の人生にとって大きな転機であることに変わりはない。いままでは、何か事あるたびに、親をはじめとする周囲の人間達が、S君を庇護する形で動いてきていた。しかし、そういう状態がいつまでも続くわけではない。これから先、自分の力で生き抜くためには、自分はどう考えるのか、また、不安なことがあるなら何が不安なのか、意志表示をする、少なくともしようとすることが必要なのではないか、ということ。

そして、その意味でも、学校のことをどのように考えているか、同時に、塾とはS君にとってどういう存在なのか、聞かせて欲しいということだった。

彼は、二週間がかりで漸くひとつの立場を選びとった。「勉強は学校でやる。ただ、塾は自分にとって捨て難いものであるから、週一日、定期的に遊びに来たい。」

一方、学校の方はどうかというと、こちらにもある対応の変化が見られるという。要するに、現状でいろいろなことを、S君に話せと迫っても、追い詰められるだけでかえって逆効果である。そこがS君の〈病気〉なのだから、そっとしておいてやる周囲の理解が必要だ。そして、専門家の手を借りて〈治療〉をした方が良い、ということである。

このような意見は、一時影を潜めていたのだそうなのだが。さらには、彼をひっぱってゆけるような良い友人を教師が紹介する、という動きもあるらしい。怖いのは、こうした場合、自分では、彼の人格を認めていないことに気づいていない、つまり、すべてが「善意」と「熱意」の産物だということだ。

間もなく十月も終わる。この先、授業という形がなくとも、S君とのつき合いは続くはずだ。ぼくは、遊びにやって来るS君と再び会話を試みようと思う。そして、「全部の先生（塾の）と話をしたい、運動なんかもやりたい……。」というS君の、自己表現が豊かになってゆくきっかけに、少しでもつながってゆけば、と考えている。

古川哲也

▼・人に会うのが恐い

以上の文章で、私の塾とS君、塾と母親、塾と学校との関係は述べられていると思います。けれども、多少の補足と塾長としての私の思いを述べてみたいと思います。

S君は、自分の意志で塾にやって来ました。H駅という塾の近くの駅前で偶然にチラシを拾い、S君自身が電話をかけてきたのです。

電話のベルが鳴ります。

タメ　もしもし、英数教室の工藤と申しますが……。

S君　……。

タメ　英数教室ですが、ご用件は何でしょうか？

S君　……。

依然として相手は何も言いません。私はイタズラ電話かと思いましたが、何か大人とは違う息遣いが伝わり、本来ならば二度ほど相手の返事がなければ切ってしまうのですが、気になってもう一度尋ねてみました。

タメ　もしもし、英数教室ですけど、何か用事なの？
S君　入塾したいんですけど……。

文字にしてしまうと普通の口調になりますが、声が小さく、やっと聞こえた、というのが実感でした。

タメ　もしもし、入塾したいんですか？
S君　はい。
タメ　何年生？
S君　高校一年生です。
タメ　どこの高校に行ってるの？
S君　……。

最初は、電話が遠いのかと思いました。ほとんど聞きとれないほどの声なのです。ですから、彼がすぐに答えないのは「距離のせいだ」と勝手に思いこんでいたのです。

タメ　どこの高校に行ってるんですか？　ちょっと電話が遠いので、もう少し大きな声で喋ってもらえますか。

Ｓ君　Ｇ商業高校。

タメ　Ｇ商業なの。どうして塾に来ようと思ったの？

Ｓ君　勉強が遅れてるから。

タメ　どれぐらい遅れてるのかな。といっても、電話じゃ分かりっこないか。あのね、うちの塾はね、入塾する前に面接をするんだよね。できれば、その面接には親も同席してもらいたいんだよね。面接といったって大したことじゃないけど、たとえばさ、君が入塾したいって思うじゃない。入塾の手続きをしていざ来てみたら、どうしても自分には合いそうもない、なんてこともあるでしょう。だから、そんなことのないように、事前に面接をしてもらうことになってるんだよ。分かる？

Ｓ君　はい。

タメ　それじゃ、あとで君の家に面接の日と時間を打ち合わせるために電話をするから、電話番号と名前を教えてくれるかな。

彼は、小さな声ながらも、自分の名前と電話番号を伝えました。その夜、さっそく彼の自宅に電話をし、翌日に面接することになりました。

当日、S君はお母さんと一緒にやって来ました。入り口で簡単にお母さんと挨拶を交したあと「部屋に入るように」と言い、お母さんと彼が入るのを見届けず、一人椅子に座って待っていましたが、なかなか二人とも入ってこないのです。入り口まで見に行ったところ、S君はお母さんに促されながらも、身体を硬くして入ろうとしません。

しばらく、私はお母さんと彼のやり取りを見ていました。一方的にお母さんが、「ホラ、入りなさいよ」とか「どうして入らないの」と言いながら、入り口から部屋に上げようとしていますが、いっこうに動こうとはせず、むしろ帰る素振りを見せていました。

タメ　どうしたんですか?
母親　いつもこうなんです。初めての場所で知らない人がいると、全然駄目なんです。
タメ　ねえ、君、ここには僕しかいないよ。
S君　……。
タメ　僕がそんなに怖いかな。あんまり人に怖いなんて言われたことないけどな。
S君　……。
母親　ホラッ、ここには先生のほかには誰もいないって……。

それでも、Ｓ君は全然動こうとはしません。私は困ってしまいました。このようなケースは初めてでした。ですから、何をしてよいのやら、何も分かりませんでした。とっさに、ここに私がいるから入れないのではないか、と思って次のように言いました。

タメ　どうも、ここに僕がいるから入りづらいような気がするんで、しばらくの間、外に出て散歩でもしてきますから、その間に中に入って、お母さんと二人で待っていてください。

母親　すみません。

苦肉の策、という表現がぴったりです。私の思いつきに、お母さんから「すみません」と言われるのは何とも奇妙なことですが、とりあえず、そのほかに何も思い浮びませんでしたので、外に出ることにしました。

私の案は見事に当たったようです。一〇分ほど外で時間を潰して塾に入ってみると、そこには、お母さんの靴と彼の靴が並んでいました。

面接する部屋に入り、お母さんと私は改めて自己紹介をしつつ、挨拶をしました。その間、彼は下を向いたままで、身体を異常なほど硬直させていました。

▼・生きる力をつけて

お母さんと私がソファに座りました。

タメ 早速ですが、昨日、S君から電話があって「入塾したい」ということでしたので、今日お越しいただいたんですが、昨日の電話ではG商業に通っていて、勉強が遅れているので塾に来たい、ということだったのですが……。

母親 本人が、昨日家に帰って来て、「お母さん、塾決めてきたよ。塾の先生から家に電話がかかってきて、面接の日を決めるって」とだけ言うんです。本人は、前から授業についていけないから塾に行きたい、とは言ってたんです。

タメ どれぐらい遅れているんでしょうかね？

母親 G商業っていっても、定時制のほうですけど、どうも授業の内容はほとんど理解できないようなんです。先生が見てのとおり、この子はいつもこんな調子で、ほかの人とはほとんど口もきかないし。家で私たちとは話をするんですけど……。

タメ 小さいころから口数は少なかったんですか？　子どもたち同士で遊ぶ、ということは多少あったんでしょう。

母親 ほとんど、ほかの子どもたちと遊ぶということはありませんでした。この子には姉がいるんですけど、その姉と遊ぶぐらいで……。

タメ　学校は行ってたんですか？

母親　行くには行っていました。ですけど、テストや、ほかの子にいじめられたりすると、次の日に「お腹が痛い」とか言って休むことが多かったんです。この子は、何か自分で嫌なことがあるとすぐお腹が痛くなって、きたない話になって申しわけないんですけど、下痢なんか起こすんです。

タメ　ところで、定時制の授業に追いついていけてない、ということでしたけど、もう少し詳しくお聞きしたいんですが、科目によってどれぐらいのもんでしょうか？　たとえば、高校だと中間テストや期末テストなんかがあるでしょう。そのときの点数などが分かれば……。

母親　ほとんど点数なんてもんじゃありません。一〇点なんて、とってきたことあったかしら。学校の先生によれば、「このままでは進級することは難しい」ということです。それを聞いて本人も、何とかしなくちゃ、という気が起こって塾に来る気になったんじゃないかと思うんです。

タメ　ちょっと失礼ですが、ほかの塾に行ったという経験はありますか？

母親　こんな調子ですから、いままで一度もありません。児童相談所に行ったことはありますけど……。

タメ　児童相談所では、どんなことをしていたんですか？

母親　週一回程度通っていたんですけど、そこの先生と話をする、というぐらいです。そこの先生の話では、「自閉症だ」と言うんです。いまの高校の先生も、「このままではどうしようもないんで、専門家の先生に何だかの治療をしてもらったほうがよい」と言われているんですけど……。

タメ　だいたいの状況は分かりました。先にお母さんに申し上げておきますが、私たちは専門家でも何でもなくて、彼に対して「治療」などということはできませんし、する気もありません。けれども、彼と付き合いながら関係をつくっていく、ということはできます。そして、これはお母さんとのお話での感想なんですが、塾に通ってきたからといって、すぐに成績が上がることはないと思います。

かなりの長い時間をかけて、彼が私たちと会話ができていくこと、それには、まず塾に通い続けるということからはじめなければならないんじゃないか、と思うんです。そして、学校の成績がどうの、というのではなく、もちろん結果として成績が上がるということは考えられますが、それよりは、彼が今後社会に出ていって、自分の力で生きていけるという面において問題を立てていったほうがよいのではないかと思うんです。

まだ、たった一度しか彼と会っていませんので詳しくは言えませんが、「生きる」という力をつけていくことのほうが大切な気がします。もし、その方向で、という了解が得られるのであれば、喜んでお付き合いをさせていただきたいと思います。

この点を、お母さんも本人も了解して、付き合いがはじまりました。その経過については、前掲した文章のとおりです。

▼●学校に胸が張れるか

しかし、私にはまだ、Ｓ君をめぐって起きた問題について、さまざまな思いが残り続けています。

公教育・学校の対応について、腹立たしさと悔しさがいまなおあります。その悔しさには、Ｓ君に対するタメ塾の「力不足」も含まれています。

悔しさや残念さは幾とおりにも分かれています。その一つは、彼の学校での成績についてのものです。文中にもあるとおり、私たちと学校との話し合いの場で「一方、彼の成績が悪いということも、教師たちには気になっているようだった。これまでの彼とのつき合いを説明するぼくらに対し『学校の性格を考えると、やはり成績を上げるよう勉強してもらわねば』と言うのである。これに対しては、反論、というよりも、むしろ、彼の人生にとって大切なのは、世の中を生き抜いてゆくことのできる能力をどう養ってゆくのか、という点にあるのではないか、との主張を、ぼくらは試みた」と主張したことがあります。

この点に関して、いまも私たちの主張、そして、S君との付き合いがまちがっていたとは毛頭考えていません。けれども、腹立たしいのは「学校の性格を考えると、云々」という学校側の発言です。この主張は、本末転倒した考え方です。本来、学校が本当にその性格を考えるのであれば、S君に対してその労を費やすべきなのは学校であるべきだからです。

学校は、S君との付き合いの歴史を一年半ばかり、この時点ではもっています。その付き合いのなかで、成績一つだけとってみても、彼をそのまま放置しておくことはできないと感ずることはたやすいことだと思います。いや、学校の教師たちは、すでに気づいていたはずなのです。にもかかわらず、教師たちは放置し続けた過ちや責任について、一切を不問に付していたのです。そうでなければ、「塾では、やはり成績を上げるよう勉強してもらわねば」などという発言が出るはずがないのです。

そして、塾とS君の独自の信頼関係、絆がやっとつくり上げられつつあるときに、本当にそれは「青天の霹靂」と言うにふさわしい出来事が起こったのです。報告にもあるとおり、学校がS君に対して、「塾を辞めたほうが良い」というのです。いわゆる塾を辞めさせ、塾がいままでやってきた「学習」を学校が担う、というのです。彼に対して、教師が特別に配慮をし、学習の手助けを具体的にする、というものです。

それ自体に、何ら反対するものではありません。むしろ、当初から学校がS君に対して具体的な行動を起こしていれば、タメ塾に通う必然性など何もなかったのです。いくら遅かったとはいえ、学校側が彼に対して具体的な行動をとったということは評価できると思います。

しかし、すでにこの時点で、S君と私たちの間には関係ができているのです。それは、単に学習という小さな問題のことではありません。彼がどのように生きていくのか、生きていこうとしているのか、という点に関してのものです。けれども学校側は、それすらも結果としては禁止してしまったのです。何と哀しい人々なのでしょうか。何と哀しい出来事だったのでしょうか……。

学校側からすれば、「学習塾なんぞに」という気持ちがあったからではないでしょうか。そして、私たちにも、学校側に「学習塾なんぞは」という気持ちをもたせてしまった、という付き合いの甘さがあったことは否定できません。

けれども、S君をめぐっては、ずいぶんと学校側は残酷なことをしました。少なくともS君と私たち、すなわちS君にとってのタメ塾は、後半は、自らがすすんで来る場所、来たい場所としてあったと思うのです。これは、一方的な私の解釈ではなく、事実として彼の口からも表現され、なおかつ、彼の肉体の動作がそれを証明していました。

このことは、学習塾であるとか、公教育であるとかいった「メンツ」の問題ではない、と思うのです。彼と付き合う、彼と生きる、という、もっと高次元のレベルで語られるべきものであると思います。しかし、私たちは、結果として「公教育」の一部分に敗北をしました。いえ、学習塾は、絶対にこの「公教育」のもつ一部分には敗北せざるを得ないのです。その一部分とは、単位と卒業という社会的に通用する「判定権」のことです。その判定権をもっている学校から、学習塾か学校か、という選択を迫られるとすれば、迷わずして結果は明らかです。

しかし、ここでもう少し考えて欲しい、と思うのです。「人間が生きる」という点に関していえば、それがたとえ学校であれ、学習塾であれ、そのほかの何であったとしても、「すべては対等である」と思うのです。そして、その選択は、子ども自身に任されてしかるべきではないか、と思うのです。

学校の教育が、意識として、認識として「塾は悪」であるというのは分かります。私にしても、学習塾は「悪」であるとの一般的な意識と認識をもっています。しかし、それだけでは一向に学習塾はなくなりませんし、教育をめぐる問題の状況は変化のしようもありません。

公教育が公教育として胸を張れるものがあるのか。意識や認識といった観念的なものではなく、実践、すなわち「子どもと付き合い切る」という行動に裏づけされたものがあるのか。

その行動・実践の質で胸を張らなければ何ともならないと思うのです。その姿勢が欠如していたからこそ、S君はタメ塾に通い続けていたのですから……。

遊び・コミュニケーション

タメ塾では、毎年、春と夏に静岡県の大井川上流で合宿をしています。最初は、別段何の意味もなく、夏だからどこかに行きたいという思いと、タメ塾に来ている子どもの「どこかに連れていって」という希望とがたまたま一致しただけのものでした。

それが毎年の恒例になったのは、第一回目の合宿で面白さを満喫した子どもたちが、「翌年も行きたい」とせがんだことと、障害児（者）がタメ塾に通ってくるようになり、その子どもと「二四時間という日常のなかで付き合ってみたい」という意識があったこと、さらには、わずか二泊か三泊でも、子どもたちの面倒を私たちが見ことで、

障害児も一緒に大井川で水遊び

母親、そして兄姉たちの時間がつくれるのではないか、ということです。ふだん、母親は障害児（者）にかかりっきりで、ほかの子どもが母親を独占する時間がなく、寂しい思いをしているのではないか、という思いやりからの行動でもありました。

また、これは私たちの思惑でもありましたが、合宿をすることによって、私のところに通ってくる健常者の子どもと障害児の子どもが出会い、何らかの関係ができるのではなかろうか、ということです。たとえ小さなことからでも地域へと拡大していって欲しい、というものでした。

▼●子どもから子どもたちへ

私たちの合宿は、基本的に規則というものをつくらないようにしています。例外的に規則らしきものといえば、「命を失うことに関係のあることは禁止する」ということくらいです。なぜ規則をつくらないのか、といえば、規則は少ないほうがよいという考えのほかに、参加した子ども自身が、子ども同士でルールをつくって欲しいと思っているからです。

誤解を避けるためにひと言述べておきますと、「規則がない」ということと「規律がない」ということは別だ、ということです。規則はありませんが、食事の用意、後片付けといった当番、あるいはハイキングに行くときの列のつくり方や連絡の仕方、夜の騒ぎ方と、先に寝た者への配慮などはしっかりとさせています。

けれども、子どもたちが考える遊びや、子ども同士の付き合い方、あるいは夜の就寝といったことは子どもの自主的な判断に任せています。ただ、健常者と障害児とが一緒に行動するのですから、障害児の特性や行動の判断、たとえば、おしっこがしたいときの仕草やご飯の食べ方などを、私たちの知り得た範囲で教え、その子どもに対する責任者を必ず一名、子どものなかから選んで、「その日、一日を付き合ってもらう」ということはあります。

感心することですが、子どもたちは障害児への接し方に最初は戸惑いますが、時間が経つうちに、自分たちの遊びのなかに組みこみ、不自然さのない付き合い方を体得していきます。その順応性と言いますか、寛容さと言いますか、幅の広さにはただ驚くばかりです。

子どもたちは、障害児の食事の世話をし、排便の世話をし、寝るときの布団まで敷いてくれます。もちろん、私たちが指示することもありますが、子どもたちはほとんど自主的に行動してくれます。

合宿というのは、「遊びの空間」ということがあるのでしょうが、本当にそこには不自然さがなくなるから不思議なものです。「仲間」とまでは行き着きませんが、少なくとも相互のぎこちなさはありません。

出会いとして、私は多くのことを期待しているわけではありません。とにかく、出会ったということが大事なのです。子どもたちの日常生活のなかで、たとえば学校や地域で見かけることはあっても、一日や二日、三日といった時間での出会いという経験は皆無と言ってもよいと思います。

ですから、長い時間、一緒にいた、一緒にいることができたという経験が大切なのです。このこと以外、何も考えることはありません。その経験をいかに生かすのか、ということについては子ども自身が考え、行動すればよいのです。

合宿を何回も重ねてきて、よかったと思うことがあります。それは、日常生活に戻ってきて、ふとしたときに「Sちゃんは」とか「A君は」とか話題になったり、「Sがこの前、駅前でお母さんといたよ」とか「Aが買い物をしていたよ」とかいった言葉が子どもたちから出てくるときです。しかも、自然に語られているのです、そのことが大切なのです。

特別に、何々であらねばならない、などということはないのです。ただ、ひたすら、自らの生きる空間のなかに障害児（者）がいて自然である、という感覚が育っていけばよいのではないかと思います。

この感覚さえ育てば、その空間から排除してしまう「考え方」は少なくなると思います。そして、そのなかから、ともにどのように生きていくのかを課題にすることができます。

しかし、それだけで問題が解決するわけではありません。「障害者差別」という事実が、厳然と、苛酷に存在することも知っています。しかし、一歩一歩、それこそ微々たる前進への努力が必要なのです。

その第一歩として、まず私のできることは、生きる空間のなかでの違和感を取り除くこと、しかも、それがほんのひと握りの空間のなかでしかない力でも、この行為を放棄することなく継続していくことだと思っています。

▼・解き放たれる子どもたち

合宿は、前述したことだけがその目的であるわけでは決してありません。「私たちが子どもを知る」、あるいは「子どもたちが私たちを知る」機会でもあります。そこでは、お互いが日常という空間では知り得ない面を知り合うことが多々あります。

合宿といっても、大がかりの人数になることはなく、私たちタメ塾のスタッフとその知人などの一五、六人に対して、子どもは多くても三〇名を超えることはありません。ですから、大人一人に対して子どもが二人弱、という比率になります。

この少ない比率ですから、大人と子どもが一緒に遊ぶことになりますし、気の合う大人と気の合う子どもの小集団が知らず知らずのうちにできあがっていきます。たとえ、気が合わずとも、お互いがどんな人間であるかは理解しあうことができるのです。

私たちは、タメ塾における子どもと講師という関係ではなく、普段の自分たちを見せています。

子どもたちには、「合宿は、お前らも楽しみに行く、俺たちも楽しみに行く。だから、お前たちもやりたいことをやり、俺たちもやりたいことをやる」と事前に話しておきます。

ここで気付くのは、いまの子どもたちは、何らかの指示、あるいは命令がある状態に慣れきっていて、自分たちだけで自主的に何かをするということに不慣れだ、ということです。とりわけ、集団行動のときには「規制が当然ある」という感覚にとらわれてしまっている状態にはかわいそうと思われてなりません。もちろん、前述しましたように、最低のルールはあります。命の危険を充分に考えること、他人に非常な迷惑をかけないこと、がそれです。

この二つさえ守られれば何をしてもよいのですから、自分たちで楽しいと思うことをやり、楽しめばよいと思うのですが、半日ぐらいは何をしてよいのかと戸惑っています。このとき、どうしても大人の私たちが楽しむという行為で引き回さざるを得なくなりますが、それも半日ばかりのことです。大人の楽しみ方につまらなさを感じ、このつまらなさから逃げ出そうと子どもたちは動き出します。

それからは、子どもたちは自分たちの世界をつくり、彼らの楽しみを極限の近くまで実現させようとします。そのような子どもたちを見ていて、日常の生活が子どもたちをいかに規制しているのかと思わざるをえません。

その規制とは、いろいろなことが挙げられます。親の監視という眼、教師の監視という眼、といった大人の眼。あるいは、物理的に場所がないということもあります。これらの規制に慣れすぎてしまった子どもたちは、その規制から一度解放されますが、再び規制のなかに戻ります。

合宿の前に、その場所の素晴らしさを語っています。山があり、川があり、ハイキングもできれば、探検もできるし、虫捕りもでき、釣りや泳ぎもできます。野球だってできるのです。その素晴らしさを語り、「工夫さえすれば何でも楽しいことができる」と言うのですが、ほとんどの子どもが、「そこにはゲームセンターはあるのか」、「テレビはあるのか」といった「もの」があるかないかということを私たちに尋ねてきます。「ない」と答えると、一瞬がっかりした素振りをします。

こんな姿は寂しいと思います。

▼・遊びをつくる

少し話は変わりますが、この「もの」に共通していることで「テレビゲーム」があります。ブームのピークは、インベーダー・ゲーム[1]のときではなかったかと思います。

（1）一九七八年に「タイトー」がアーケードゲームとして開発・発売し、世界的に大ブームを巻き起こしたシューティングゲームのことです。

このインベーダー・ゲームでは、ほんの一瞬だけ、大人も子どもも、禁止する側としても、やりたい側としても多くの人が熱中しました。パチンコの世界、すなわち大人の遊びでも「オール・セブン」[(2)]に熱中しました。

大人の世界でも、子どもの世界でも同じだ、という結論がこの二つの熱中劇に見られました。それは、お金をたくさん使うことで「悪」というレッテルを貼られてしまったことです。もちろん、細かな問題としては、「ただ単にお金だけ」というわけではないでしょうが……。

私は、あるところで講演を依頼されて、一〇〇人ぐらいのお母さんを前にして、このインベーダー・ゲームを例に挙げて話したことがあります。その話のなかで私は、「実際、自分がインベーダー・ゲームをやってみて面白い」と思い、やり続けていること、そして飽きてきたこと、大人がやって面白いゲームは子どもも面白いと思うこと、だから、なぜイン

インベーダー・ゲームをするタメ

ベーダー・ゲームをやると悪いかが理解されないこと、子どもが面白いと思ったものを、ただ単に大人が禁止をするだけでは効果はないだろう、ということを話しました。

ほとんどのお母さんが、私のこの発言に「驚き」と「当惑」の表情をしました。私は、何となくガッカリしました。一人ぐらいは、自分もやってみて面白かったとか、面白くなかったとか、うなずいたり、首を横に振ってくれる反応があってもよさそうなものだ、と思ったのです。

お母さんたちは、自らは体験せずに、頭の中で「悪い」とか「悪いのではないか」といった思いを広げているのです。これは、少なくとも子どものためによくありませんし、禁止するにしても迫力がありません。実際に自分がやってみて云々ということがあれば、諭すにしても、いくぶんかは諭す言葉が違ってくるのではないかと思うのです。

がっかりばかりしていられませんから、次にきちんと私自身の見方と考え方を述べました。

・お金がかかること。

・お金がかかるのですから、子どもの小遣いの範囲内ではできる回数がかぎられること。

・かぎられても、「やりたい」という衝動や気持ちが子どもにはあること。

・子どものなかで、少数だが、お母さんやお父さんのサイフから持ち出してしまう子どもや、

（2）　チャッカー（穴）に入ったら抽選が行われ、液晶上で同じ図柄が三つ揃うと大当りとなる機種の総称です。

ほかの子どもからまき上げる子どもが出てくること。

・しかし、圧倒的多数の子どもたちは遊べるだけのお金を、いままで小遣いを貯めていたにせよ、親からもらうにせよ、実際にお金をもって遊んでいること。

・お金の面だけではなく、眼に悪いことは本当であることと姿勢にも悪いこと。

けれども、「実は、もっと根が深いところに問題があるのだ、本質があるのではないか」と主張しました。それは何かと言うと、「インベーダー・ゲームは面白い」という事実をまずは認めることとです。優秀なスタッフが開発した業者のゲームは、いかに面白く、子どもの注目を集めるかにかかっているわけですから、一〇に一つぐらいはブームになるものがあるというのが当たり前です。

そのうえで、「少し私たち大人自身でもっと考えるべき点があるのではないか」と言いました。それは、私たち大人がインベーダー・ゲームを上回るような、面白く、しかも健全な遊びを子どもの前に示すことができるのか、できているのか、ということです。さらに言えば、テレビゲームなどというつくられてしまっている遊びの型ではなく、創造力を駆使して遊びを考えられる子どもに育てられているのか、ということです。

問題の本質はそこにある、と私は思います。それを考えずして、ただ単に業者を非難したり、ゲームセンターを非難したところで、それらの業者やゲームセンターがなくなるわけでは決してありません。

多くのお母さんたちや大人がインベーダー・ゲームを非難しましたが、現実を見渡してみますと、本気に非難をしきっていないということがよく分かります。いまのほとんどの子どもが、ゲームウォッチやゲーム電卓などという、決して安くはないゲームを数多く持っているのです。この事実は、いったい何を意味しているのでしょう。

結局、大人が本気で子どもの遊びを考えていないということです。

このような状態であれば、合宿に行く前に子どもが、ゲームセンターのあるなし、あるいはテレビのあるなしでがっかりするのも分かります。そして合宿は、日常につながらないものになってしまいます。

それでは、合宿には意味がないのか、というとそうではありません。少なくともゲームセンターがないところで、テレビを見ずとも過せたという事実があるからです。ない、というところに工夫が生まれます。たとえ一瞬の経験でも、意味があると思います。さらに、親元を離れ、見知らぬ子どもたちと一緒に寝てみるというのも貴重な体験です。

実際をいえば、合宿はかなりしんどい作業なのです。子どもたちの命の安全を確保し続けながら、しかも、子どもたちに最大限の自由を与えたいということで、私たちは「自らが楽しむ」と言いながら、どこかで、必ずすべての子どもたちに眼を配っています。「それは監視ではないのか」と言われればそうかもしれませんが、やはり貴重な子どもの命を預って連れてきているわけですから、これは仕方のないことです。

ともあれ、合宿は今後も続けていこうと思っています。少しでも、地域の障害児（者）の生活空間が広がること、あるいは、子どもたち同士、そして私たちと子どもたちの間が親密になること、遊びが工夫されて欲しいこと、などを願って。

「あしの会」宣言

先にも述べましたが、タメ塾には何人かの身心障害児や身体障害児と呼ばれる子どもたちが通ってきています。これらの子どもたち、そして、その親たちとの付き合いも決して短い時間ではありません。その結果、義務教育の期間を経て、実社会の生活に入ろうとする時機が迫ってきました〔二九ページも参照〕。

その時機が迫ってきたこともあり、私に、これらの人たち、そして子どもたちとの今後の付き合いの方向をいったいどうしたらよいのだろうかという思いが必然的に湧いてこざるを得なくなりました。

いったい、どうしたら一緒に生きていけるのかということ。生きていくということは、私はまず「食べていくこと」と考えました。「食べられる」ということなくして、「生きる」ということはないと思うのです。

受身的に考えますと、「食べさせてもらう」ということは、今日では、いかに福祉行政が貧困であると言っても充足されるものと思います。しかし、「食べさせてもらう」ということは、基本的に、「管理されて生きる」ということと同一です。私は、何といっても「生きる」と言うときには極力管理を避けるべきだと考えていますので、受身の姿勢はとりたくありません。そして、私と付き合っている子どもたちだけは、せめて能動的に食べ、「生きる」という実践に身を置いて欲しいと思っています。

このような思いを抱いて日々を送り続けていましたが、実際この思いを実践するためにはいったい何ができるのか、あるいは何をなすべきであるのか、具体的な方向がなければなりません。その一つは、具体的な土地であり、お金であります。また、「人の渦」というものも必要になります。さらには、仕事が必要です。仕事に関しては目安がついているのですが、それ以外のものは、現在ではほとんどありません。

しかし、場は確実に必要ですし、しかも心身障害児や身体障害児は、タメ塾をめぐって着実に大人になっていきます。この現実を前にして私は、この思いを人々に話しました。少なからぬ人々が私の思いと計画に賛同してくださり、何度かの話し合いを経て、「あしの会」というものをつくりました。その趣意書を紹介します。

「あしの会」趣意書

私達の子は身心障害、身体障害のある子供達で、世間一般の子供さんの様に一人ではとても生きていけない重い十字架を背負っております。子供の将来を考えます時、私達はたまらない不安におそわれます。今はまだ社会人ではない此の子等が普通の健康な方々でさえ大変な社会人となり、私達が老齢化した時、一体此の子等はどうして生きていくのでしょうか！　運命とあきらめて、じっとがまんする事ではあきらめきれない此の気持ち！　なんとかしてやらなくては！　何か生きる方策をさずけなくては！

一般の家庭で、子供の将来の幸せを願う以上に、私達は子供の生き方を考え苦しみ、なやみました。しかし、私達になにが出来るのでしょうか。金も力もない私達にあるもの？　苦しみました。しかし見つけたのです。そうです見つけたのです。弱い者が集い力を合せて行動する事なのです。唯考えて、なやみ、ぐちをこぼすだけでは問題は解決しないのです。失敗しても良い、又立上れば良いのです。みんなで力を合せ助け合い励まし合って、此の弱い子供達の仲間を一人でも多くすくってやりたい。健康な人々の情けは有難い事です。

しかし、私達は甘えてはいけないと思います。私達は若い、子供が在学中の今こそ私達は立上がらねばならないと思うのです。もう子供達が巣立って社会人として飛び立つ翼のない自分を見つけた時の子供心を考えると、とてもとてもじっとしておれない胸をしめつけられる気持ちでいっぱいです。

普通の土地や畠でない水辺の粗地に群をなしてたくましく育ち生きる「あし」、そして花も咲かない此の「あし」は、大地に根を張り何の不満も言わずにだまって提防を洪水から守る大事な役目をはたしているではありませんか！

どうか皆さん、私達の「あしの会」がたくましく育っていく姿を見守り励まして下さい。私達は働きます。草取りでも清掃でも、廃品の回収でも何でもやります。今私達は仲間のための働く「あしの会」をつくる事にしました。どうか「あしの会」の仲間が働く時、働く場所、働く機会を御協力御願い致します。

東京都福生市熊川一二三六

☎〇四二五・五一・六三六四［当時］

工藤定次

この趣意書をもとに署名活動をはじめ、具体的に動き出しましたが、お金や土地、そして人々の協力よりももっと心配なことがありました。それは、地域の人々との「和」という問題です。

▼・障害者に寄りそって

一つの象徴的な〈事件〉として、自閉症者専門施設「けやきの郷」の建設が、地域住民の人々の反対で潰されてしまった、ということがあります。(3)

その経緯について宮本真左彦氏が、「自閉症者施設建設を葬った『福祉感覚』」(『中央公論』一九八二年六月号)と題して報告していますが、そのルポを読みますと、地域の人々の態度は予想できますが、その眼の冷たさは何とも寂しいかぎりです。

その寂しさの表現を宮本氏は、ルポのなかで次のように表しています。

三回の説明会が終わってから一週間後、鳩山ニュータウン[比企郡鳩山町]自治会の会報「コスモス鳩山」のコラム欄には、奇妙な記事がのせられた。

「飼い犬に手を咬まれる、という諺がある。信頼しきっていた者に裏切られることとの意味でつかわれる。腹を立てるのは判るが、別の見方をすると、飼い主は犬を盲愛するあまり、犬は咬みつくものだという動物の本性を忘れてしまい、自分と対等の精神の持主と錯覚して扱っていたことに問題がある。犬は所詮、犬でしかないことを知らなければならない。

また犬ぎらいといわれる人達がいる、こういう人達は犬に咬まれた経験を持たなくても犬が、どうしても嫌いなのだ。犬と聞いただけで、恐怖感や、嫌悪感が先に立ってしまう。梅ぼしと聞いただけで唾液が出るのに似ている。生物学的に犬の理解はできても、またその存在は否定しないが、絶対に好きになれない。たしかにそういう人がいる。しかし、その人達が異常だとは思わない。会社では部下思いであり、家庭では愛妻家であり、子煩悩でもありうる」

犬ぎらいな人たちをして、犬好きの人が、犬好きに変革させようとしても徒労に終わるだけ。むしろ、たとえ愛犬であっても近づけないのが思いやりである、という文章を紹介することで心情を述べています。

本当に、本当に、情けないことだと思います。人間を犬にたとえるということだけを挙げても、このコラム欄を書いた人の人間性が疑われますし、そのコラムを載せた人々も、何と哀しい人間であることでしょう。

（３）　本文にあるように反対運動がありましたが、七年という時間をかけて、知的障害のある自閉症の子どもをもつ親二一名が発起人となって一九八五年に設立されています。住所：〒350-0813　川越市平塚新田高田町１６２　TEL：049-232-6363

「犬は咬みつくものだという動物の本性を忘れてしまい、自分と対等の精神の持主と錯覚して」と、平然と述べられる神経はいったい何なのでしょう。

宮本氏が、何も言及せずにただコラム欄を紹介していらっしゃるように、これ以上、私も言及する気はありません。しかも、このような人々が少なからず社会に存在していることは事実なのですから……。

だからといって私たちは、ただ寂しがってばかりもいられません。けれども、私たちの活動は、地域の人々との協力の上に立ってのみ可能なのですから、一つ一つを着実に積み重ねて、「理解の輪」を拡げていかなければ、と思います。

子どもたちは、確実に成長していきます。そして、当然、生活をしていかなければならないのです。これが健常者であれば、誰一人として疑問を抱くことなく、当たり前のこととして受け止めるはずです。それなのに、なぜ、心身障害児（者）や身体障害児（者）だけは、当たり前のこととして受け止めてくれないのでしょうか。

嘆いてばかりはいられません。生きていくために仕事の場をつくり、生活費をつくらなければならないのです。しかも、このことは心身障害児（者）や身体障害児（者）だけの手で、今日なされるものではないのです。

そこでは、「共生」ということが必然として考えられなければなりません。言葉で言ってしまえば簡単なことですが、「共生」というものは、非常な努力をお互いにしないかぎり達成するのは難しいものです。しかも、私の考えでは、地域を分離して、もう少し言葉をきつくすれば、障害児（者）のみを隔離して、形だけの「生かされる空間」といったつくり方は絶対にまちがいであると思います。健常者が当たり前に生活し、当たり前に生きている場においてなされなければなりません。目標達成のためには、非常な忍耐と努力を続けていかなければならないと思っています。

それには、まず多くの方々の助力と援助がぜひとも必要となります。そして、地域の方々の理解が不可欠なのです。

「あしの会」の「あし」とは、植物の葦、逞しい葦のように、「強く、逞しく生きるぞ」という決意をこめたものですし、「自分自身の足で自立して生き抜くぞー」という意志を表明したものです。

別のところ［二九ページ］でも述べましたが、障害児（者）も積極的に自立して生きるべきだと思いますし、多少の手助けをし、ともに生きる決心さえすれば、ほとんどの障害児（者）は自立して生き抜けるのです。

それには、ほんの少しの手助けをする、してもよい、という「人々の渦」が不可欠です。そして、私たちは、生き抜くために、仕事であれば何でもやり抜きます。

暗い道を走る子どもたち

タメ塾では、映画会やシンポジウムなど、教室外のことにも力を注いでいます。何回目かの映画会で、シンナーについての映画を上映することになったのは、タメ塾に通いはじめたある女の子が、たった一度だけシンナーを吸って補導された、ということを伝え聞いたからです。この子どもが、もし常習するようになっては、それこそ大変なことになってしまうと思ったのと、私たちを含めて子どもたちが、その害についての正確な認識と知識をもっていなかったからです。

二つの理由から、映画という手段を使って、その女の子に私たちの意志を伝えようとしました。私の考えでは、言葉による意志の伝え方よりは、見ることによって各人に考えさせるほうが真意を伝えやすいと思ったからです。

何はともあれ、観てもらう必要があります。その女の子だけに観せてしまうと、私たちの意図を知り、警戒されてしまいます。ですから私たちは、観てもらう対象をできるだけ一般的なものにするように心を配りました。

そのため、タメ塾のＯＢなどにその意志を伝えたり、タメ塾に通ってきている子どもに、学校の了解をとってポスターを学内に掲示してもらったり、市の案内板に掲示したりしました。けれども、私の心の中は不安でいっぱいでした。果たして、どれだけの子どもが観に来てくれるのだろうか、と。なぜならそれは、一人の女の子を、映画上映のなかで孤独にさせてしまうというものだからです。

▼・シンナーかタバコか

その不安は、不安でしかありませんでした。せいぜい二、三〇名が来てくれれば成功と思っていたのですが、予想に反し、八〇名以上が観に来ました。いずれの子どもの風体(ふうてい)も、一般の大人から見れば異様な集団に見えるものでした。私はこの人数の集まり具合を見て、子どもたちがシンナーの害について、あるいはもっと大きな問題として、シンナーについての関心が大いにあると感じました。

この日に集まった、おそらく半数以上は、シンナーを吸ったことがある子どもだと思われました。その子どもたちが、こんなにたくさん観に来てくれたのです。その感激は言葉に尽くせません。観に来るという行為は、大人にとっても、よほどの興味がないかぎり難しいものです。けれども、八〇名以上の子どもが時間を割いて観に来たのです。

私は、それが第一歩であると感じました。ですから、この映画が終わったとき、子どもたちに対して、道徳じみた話やお説教の押しつけ、そして「シンナーをやめて欲しい」と口に出すこともしませんでした。第一歩は、あくまでも観に来てくれたという事実が大切であり、それ以上のことは「今後」ということです。これらを、同時にその場で求めることはできません。そんなことをしてしまえば、次、彼らは来てくれないでしょうし、新しい関係をつくることができなくなってしまいます。

しかし、問題が起こりました。まさに「映画がはじまる」といったとき、会場を貸した市民会館の職員数人が私のところにやって来て、会場に来ている子どもたちの「タバコをやめさせるように」と言いました。私は、腹が立ちました。

「子どもたちにタバコをやめさせたいのであれば、自分の責任でその旨を子どもたちに伝えて欲しい」と、職員たちに言いました。このひと言で、職員たちは子どもたちには何も告げず立ち去りました。黙って立ち去ったのは、なぜだったのでしょうか。私にはその理由が分かりますが、あえて述べませんでした。それ以上に腹が立つことがあったからです。

何かといえば、現実を知らなすぎるからです。子どもたちがシンナーの映画を観るという行為がまずは大切なのであって、その大切さから比べれば、タバコを吸うというぐらいのことは、この場合、眼をつぶるぐらいの現実認識が欲しいと思いました。タバコを吸うという行為は正しい、などと言う気は毛頭ありませんが、現実にこの子どもたちは、タバコを吸いつつ、シンナーも吸っている子どもが多いのです。その子どもたちを前にして、「タバコを吸うな」と言ったとしたら、子どもたちは映画を観ることをやめて必ず退席してしまいます。

私たちが映画を上映しようとしたのは、映画を観てもらいたいからです。観てもらえなければ何にもなりません。それが目的の上映会なのです。この場合、シンナーをやめて欲しいという感情のほうが、タバコをやめて欲しいというそれよりも大きい、という考え方は自然なものだと思います。このような当然のことが理解されていないのだとすれば、このような子どもたちとの対話など望めるはずもありません。

▼・追いこまれる子どもたち

いつのことであったか、ある高校の教師が、いわゆる「非行少年」と呼ばれている子どもたちと喫茶店で話しているときに、その子どもたちの喫煙を注意しなかったということで、教育委員会だったか学校長だったかが、「教育的配慮が不足している」という理由でその高校教師を処分した、というニュースを読みました。

これは、まったくナンセンスな話です。この高校教師が本気で「非行」に走っている子どもたちと話したり、付き合ったりしようとするときに、「タバコを吸うのをやめなさい」と最初にひと言を言ったとしたら、この子どもたちは何も喋らないでしょうし、その場にいることもないでしょう。この教師は、何も、子どもたちの喫煙を容認したというわけではないでしょう。

子どもたちと何らかの話をするために、この場面では禁止をしなかっただけだと思うのです。物事には過程というものがあります。第一に、出会わなければなりません。出会う、あるいは、たったひと言でも、たとえ五分でも、これらの子どもたちと接触をもつことが第二、第三歩のためには必要なのです。そして、第何歩目かに、やっと喫煙を禁止する言葉が出てくるでしょう。いや、出てこない場合だってあるにちがいありません。

少なくとも、教育の現場で実際に子どもたちと付き合っていれば、簡単に理解されることです。それを、机の上だけで、紙の上だけで教育を考えたり、管理する側の立場からしか子どもを見ることができない人々が、無責任にこの高校教師を非難するというのはまったくの誤りであり、真剣にこれらの子どもたちの現在と未来を考えていないという証拠となります。

この種の頑迷な建前論が横行するとすれば、少なくとも「非行」に付き合おうとする大人は、二の足を踏まざるを得なくなってしまいます。子どもは生きているし、個性的ですし、状況もさまざまですから、それらの子どもと付き合う側も、それぞれの子どもによって対応を変えなければなりません。そこには、「定説」や「常識」、あるいは定まった「理論」などでは対応できない面がたくさんあります。このことを一般論で語るとすれば、必ずや無理が生じます。

私たちが主催した映画会に対する市民会館の対応もそうです。市民会館の職員の職務からすれば、「管理を前提とすることは当然のことだ」と言うでしょう。その点に関して、否定する気はありません。しかし、それもケース・バイ・ケース、規則の弾力的運用というか、何らかの配慮があってもよいと思います。

どこの街に行っても、「地域ぐるみでなくそう非行」とか「みんなの力でシンナーから子どもを守ろう」などというポスターやステッカーが多く眼につきます。このスローガンについてとやかく言うつもりはありませんが、とても本気で考えているとは思えません。一般の人々ではなくて市の職員は、しかも市民会館の職員であれば、少なくともこのスローガンの目的に沿った行為に対して配慮ぐらいはしてもよいと思うのです。

こんな思いを、私は後日、市民会館の館長に伝えましたが、「主旨はよく分かります。ですが、私どもは、この会館を管理・運営する責任があります」という言葉を繰り返し述べるだけでした。これでは、私たちは何もできなくなってしまいます。

もう少し、ほんの少しだけ、大人は寛容さをもって欲しいと思います。その寛容さがあれば、少なからず、子どもが暗い道を走り続けなくてもすむのです。

自分に優しくして欲しい

親と子、というものはいつでも世代感覚のズレをもっています。このズレは、親と子どもという小単位だけではなく、「子ども社会」と「大人社会」という大きな単位でも存在します。このズレは当然のことで、いつの世にもあったことだと思います。

また、このズレは大人にとっては「不知の世界」を必ず含んだものであり、子どもにとっても「不理解の世界」を含んでいることでしょう。そして、このズレが、いつの世でも「親と子の対立」として表現されたり、「社会と青年の対立」として表出するのだと思います。

これらのズレに関しては、多くの人々がさまざまな角度から考えを述べています。そこで私は、一つの部分に関してのみ、相互のズレについて述べてみたいと思います。

一つの部分とは「性」についてです。この性に関しては、多くの危惧の念を抱いています。それは、いまの子どもたちがあまりにも「性」を安易に考えすぎているからです。性をことさら道徳的に捉えよ、と言おうとしているわけではありません。

ただ、自分で、自分自身に対してもう少し優しくして欲しい、と思うのです。結論はこれに尽きますが、ここで、私が見たいまの子どもたちの性行動について、二、三の例から考えてみたいと思います。

A子の場合――A子は一五歳、高校一年生でした。ある都立高校の普通科に通い、成績は中の上で、学校生活にあっても、家庭生活にあっても、何の問題もなく、きわめて当たり前の日常を送ってきた子どもです。

その両親が揃って、Ａ子を連れて私のところに相談に来ました。Ａ子が三つ年上の青年（彼は高校を中退して自動車整備工場で働き、一人でアパートを借りている）と一か月前から同棲をしていたのですが、「学校の担任にその事実を知られてしまい、退学になりそうだ」という相談でした。

両親にとっては、同棲という事実も許しがたいが、何はともあれ、いまは退学という事態をいかにして避けるのか、ということが主たる問題のようでした。

けれども私は、両親のように、ただ単に退学、同棲という二つの事柄を平面的に処理したとしても、Ａ子の今後を考えると何ら状況が変化しないのではないかと思い、両親には、「今後は、Ａ子と二人だけで話し合いをして、対応したい」と伝え、その後、何回かＡ子と、そしてＡ子の相手である青年、さらに、時にはＡ子の担任を交えて話し合いました。

性の問題というものは非常に難解なもので、決定的な方向性というものを大人が提示し得ないという状況のなかで、事実だけが先行することが多いものです。性をめぐって「性交」という行為に凝縮されやすい、という点が存在することと、感情、すなわち愛情という「型」のない領域が存在する、という点で難しいと思うのです。

それを解決するために、多くの人々が、性教育の側面、あるいは道徳という精神的な側面から、また人間存在の社会性の側面からなど、あらゆる側面からのアプローチがなされていますが、これといった決定的な解決策がなく、「おいおい対処する」という事後処理に時間が費やされています。

▼●あこがれと現実

彼とA子と私、そして担任の先生との会話を紹介するなかで、少し今日の性について考えてみたいと思います。A子の彼も交じえて行った、何度目かの話し合いのときです。

タメ　学校の先生からも、両親からも何度も言われていることだと思うけど、同棲を一時期解消することについて、どう考えているの?

A子　先生も親も、「同棲をやめて、高校生らしく健全なお付き合いをしなさい」って言うけど、私としては、同棲が不健全だとは思わない。だって私たちは、私が高校を卒業したら結婚をしようって話し合っているし、親や先生は「健全な付き合いをしなさい」と言いながら、私たちの関係を引き離そうと考えているのが分かっちゃうんだもの。私は、絶対彼と別れたくない。

学校の先生は、私たちが同棲をしているということがほかの生徒に知れたら「悪い影響を与えるから」とか、「同棲なんていうのは不健全だ」とか、「妊娠したら子どもを養えないだろう」とかいろんなことを言うけど、私は彼と離れるぐらいなら高校を辞めたってかまわないと思っているし、その間に二人で働いてお金を貯め、子どもだって育ててみせる、と思っている。

タメ　A子は、絶対に同棲は続けていこうと思っているわけね。

A子　うん。

タメ　君はどう思っているの？

青年　俺はね、A子が好きだから、できれば将来結婚して一緒になりたいって思っている。でも、俺はまだ一八歳だから、二〇歳になったら、とは考えてるけどね。できれば、A子に高校を卒業してもらいたいけど、周りの大人がやっぱり俺たちを別れさせよう、別れさせようとしているって感じるから、いまここで同棲をやめたら……と思っちゃう。

タメ　同棲ってのは、二人とも絶対にやめたくないわけね。だけどさ、よく考えてみれば、俺を含めての大人がさ、「君たち二人の関係を認める」なんてことは考えられないよね。なぜ認められないのか、というのは一人ひとり違っているのは当然だけど、たいていは「若すぎる」ということと、当然セックスを伴うのが男と女の同棲だから、この面から言っても「不健全だ」と考えるのは大人としては自然だよ。

俺は、決して不健全だというひと言で片づける気はないけど、何か割り切れなさ、というのは残るよな。その「割り切れなさ」というのは、うまく説明しにくいけど、簡単に言葉をごまかさずに言っちゃえば、セックスをする行為と愛情とが本当に整理されているんだろうか、憧れと現実がどう理解されているんだろう、とか。万が一、子どもができたときにどうするんだろうとか、具体的なものもあるよな。

それに、俺はA子には高校を卒業してもらいたい、という気持ちがある。どんな子どもにもこの気持ちはあるんだけど……。だけど、世間一般からすれば、もちろん高校もそうだけど、同棲している生徒を、関係をそのままにして高校に通わせる、通わせてもいい、とまでは考えられない。だとすれば、このまま二人が同棲を続けるとすれば、必然的にA子は学校を辞めるという結果になるよね。その意味からすれば、同棲を続けることには絶対賛成できないよ。

二人の話をきちんと整理して言うと、絶対に二人は別れたくない、ということ。高校はできるならば卒業したい、ということ。簡単に言ってしまえば、この二つだよね。

万が一、いまは「万が一」と言っておくけど、仮に高校の先生や両親たちが、君たち二人の関係を認めて、A子が卒業し、彼が二〇歳になったら結婚を許す、ということだったらどうだろう。そうしたら、同棲という形をとらなくても二人は承知できるかな。この点についてはどうだろう?

青年　俺はさ、本心を言っちゃえば、絶対にA子とは別れたくない。それでも、俺たちはまだ結婚するには若すぎるとも思うし、A子にもきちんと高校を卒業してもらいたいから、はっきりとA子と俺が、今後も付き合っていけて、将来は結婚を許してくれる、というんなら、同棲を続けていけなくなってもいいと思う。

だけどさ、親や先公はさ、絶対に俺たちを別れさせようと思っているってことが分かっちまうんだよな。そのことが、何とかなんねえと、何も約束はできねえよ。

タメ　A子はどう思ってる?

A子　私は、彼と別れるのは絶対イヤ。同棲をやめる気もない。だってさ、私の両親や先生は、絶対に別れさせようとしてるんだもの。万が一、万が一だけど、両親や先生が結婚を前提としての付き合いを許したとしても、いままでのように二人が自由に付き合えることなんて考えられないでしょう。

タメ　A子の言う意味での自由な付き合いを許してくれる、ということは、僕が考えても「ない」と思う。ただ、二人がいままでよりはずっと不自由にはなると思うけれども、結婚を前提としての付き合いを認めさせる、ということは、僕が何とか努力して承知させることはできると思う。

もし、結婚を前提としての付き合いを親と先生に承知させることができたら、同棲という二人の付き合い方を考え直してみてくれるかな。

▼・セックスはタブーではない

しばらく、このような話は続きましたが、二人は何とか私の話を理解してくれて、私が両親と先生を説得できたら、という条件で、この日は別れました。

結論から言えば、結婚を前提としての付き合いは、何とか承知してもらいました。しかし、両親が二人を別れさせたい、と考えるのは分かるのですが（分かるというのは、親側の気持ちとして考えれば、という意味です）、先生がきわめて頑固なのには考えさせられてしまいました。

先生の意見は、「高校生は高校生らしい交際の形がある。セックスという不純な行為は絶対に許すことはできない。その行為をなした、ということは、ほかの生徒に知られる、知られないを問わず、少なからぬ悪影響を与える」ということです。だから、二人の今後の交際は、いかなる形であれ、承知することはできない、ということでした。

建前としては、先生の言うことは充分に理解できます。ここでひと言お断りますが、私は高校生の、セックスという実際行為を肯定しようとは決して思っていません。しかし、現実にそうなってしまったら、建前はまったく意味のないものになるのではないでしょうか。

A子と青年の場合、すでに同棲という状態まで、その付き合いは行き着いてしまっているのです。そこには、当然、セックスという行為が存在しているはずです。それが不純であると、言える感情は正直に言ってもちあわせていません。

不純であるとは言えませんが、「本来のあるべき姿ではない」とは言えます。本来あるべき姿ではないからすぐさま「不純だ」とは言えないと思うのです。二人の行為を不純という枠のなかにくくってしまうのは、少なくとも当事者二人にとっては、その関係をなおいっそう深刻な状況に追いこむことになりかねませんし、本質的な意味で二人を納得させるものでもありません。

多くの子どもたちと日々接している先生方は、その現実を充分に知り得ているはずだ、と思うのです。そのうえで、なおかつ不純である、という言葉でしか二人に接することができないのであれば、お互いに不幸なことだと思います。

さらに、「ほかの生徒に悪い影響を与える」ということについて考えると、同棲、それに伴うセックスという点についての観点からすれば、少なからずほかの生徒に影響を与えることは明らかだと思います。ただ、悪影響のみとして、切って捨ててしまう態度には賛成できません。

私であればどうするのか。この問題を陰のものとして処理することは避け、真正面から生徒たちと話し合うと思います。

高校生ともなれば、セックス、同棲、ここまで考えが到達していないとしても、男女交際に関して、非常な興味と関心を抱いているはずだからです。そして、大人が考えるよりも、はるかに子どもたちのほうが、セックス、同棲といった点について開放的に促えている、と思えるからです。

少なくとも、タメ塾を通して、あるいは一般的な社会生活を通して付き合ったり、話を聞いたりした範囲では、かなりの意識の変化が、私たち大人、あるいは私たち以上の年齢の大人たちと子どもたちの間にあります。

セックスという行為だけを取り出して、真正面から子どもたちと話し合えば、高校生、あるいはそれ以前は「なすべきではない」と考える子どもも大勢いると思いますし、逆に、「お互いに愛し合っていれば、自然の流れとしてその行為に至ってもかまわない」と考えている子どももまた大勢いるはずです。

学校で、この二つの考え方について、生徒たちと真正面から話し合ってもよいと思うのです。すでに、「セックス」という言葉はタブーであることをやめてしまっているわけですから……。

この問題は、結論を引き出すのに長い時間がかかると思います。それでも、教師や大人は、この問題にじっくりと付き合い、自らの考えや思いを、自らの言葉で述べればよいと思うのです。

しかし、今日の性をめぐる状況はもう少し深刻なようです。愛し合っていれば、自然の流れとして、というような状況ではない子どもたちも少なからず存在しています。性あるいは性交それ自体に、あまり意味をもっていない子どもたちも多いのです。

「喫茶店でお茶を飲む気軽さ」と言うと極端なように聞えるかもしれませんが、本当にこのような気軽さで促えている子どももいます。これらの子どもたちに語る言葉を、いったい大人である私たちはどれだけもち合わせているのでしょうか。

「悪い」、「禁止する」、「不純」、「若すぎる」というような言葉は、誰しもが口にすることができます。誰しもが口にするわけですから、子どもたちは「耳にタコができる」ほど聞くことになります。そのことによって、言葉が軽くなってしまうと思うのです。

子どもたちに接する大人の一人ひとりが、自らの体験と思い、考え、生き方から工夫された真実の言葉を口にして欲しいと思います。

私は、性、性交に関して、とくに女の子には「自分自身に優しくして欲しい」と語っています。男の子には、「女の子の精神と肉体に優しくあって欲しい」と語ります。この言葉が、子どもたちに私の真実としてどれだけ伝わっているのか自信はありませんが、この言葉を語りながら、その子どもとの付き合いを継続しながら、時間をかけて接するようにしています。

この言葉は、速効的なものではありません。おそらく、遅効的なものでしょう。けれども、私は性、性交に関して、速効的な言葉などないのではないか、と思えるのです。少なくとも、まだいまの私には速効的な言葉は見いだせておりません。

▼・歩き出したセックス

話は前後しますが、いまの中学・高校生に関して、実際に性交という行為に至っている子どもの数は、私たち大人の認識の数をはるかに超えているのではないかと思えます。しかも、その年齢は低下傾向を示しているのです。さらに、以前は「非行」と同一のレベルで捉えられていたものが、実は「非行」というレベルの枠でくくられる子どもたちのみではない、と思います。

そういう意味では、「より一般化した」と言えるかもしれません。たまたま、私たちの眼や耳に入ってくるケースが「非行」と呼ばれる子どもたちのニュースに集中しているだけにすぎないのではないか、と思えるのです。

それだけに、大人は別として、子どもたちの間では「陰湿な響き」をもっては伝わらないと思うのです。そして、だからこそ「陰湿」の面からのみの言葉だけでは、子どもたちの、この行為に歯止めをかけることはできないのではないでしょうか。

タメ塾の生徒ではありませんが、ある人から子どもの生活態度について相談を受けたことがあります。そのときの子どもとの話を、一部分ですが紹介します。

タメ　いま、男の子と付き合ってるの?

Ｂ子　単なるボーイフレンドなら何人もいるわ。
タメ　単なるボーイフレンドっていうのはどんな男の子のことなの？
Ｂ子　好きとか、どうのというんじゃなくて、ただの遊び友だち、ぐらいの意味かな。
タメ　ただの遊び友だちって……。
Ｂ子　一緒にお茶飲んだり、映画に行ったりするぐらいの子。
タメ　じゃ、好きな男の子の場合は、いったい何するの？
Ｂ子　お茶を飲んだり、映画を観たりだってするけど、二人だけで公園でデートしたり、好きだったらセックスだってしちゃう。
タメ　いままでさ、好きになった男の子は何人ぐらいいたの？
Ｂ子　五、六人かな。
タメ　俺はもうオジンだから、聞きづらいことも平気で聞いちゃうけどさ、その五、六人の男の子とセックスしたの？
Ｂ子　全部ってわけじゃないけど、たいていはしたよ。
タメ　最初は何年生のとき？
Ｂ子　中学二年のとき。ものすごく、格好いい男の子だったんだ。優しかったしさ。
タメ　変なこと聞くけどさ、妊娠のことなんか心配しない？

B子　心配しないことはないけどさ、それは男の子が気をつけることじゃん。私は一回もしたことないけど、友だちには妊娠しちゃって堕した子もたくさんいるよ。そうするとさ、カンパするんだよね。中学生のときは年に三、四回だったけど、高校生になると、年に一〇回以上はカンパが回ってきている。

この種の会話は、これまでに何度も経験してきました。いつも私は思うのですが、子どもたちが、実にあっけらかんとして、しかも平然と口にするのです。子どもの話ですから、幾分かは誇張があると思いますが、それにしても、何のくったくもない様子には、いつ聞かされても驚いてしまいます。

読者の方々は、何か私だけが特別な子どもたちと接している、と思っていらっしゃると思うのですが、残念ながら、決して特別ではなくて、一般に近いものだと思います。

ある都立高の生活指導の教師と話す機会があったのですが、その話のなかで、高校での一番の問題は「セックスの問題だ」と述べておられました。しかも、その数は「相当なものだ」と言うのです。学校を辞めたり、辞めさせられたりする子どものなかで、その数は「少なくない」と言うのです。

しかし、高校としては、「セックスをした」という理由で退学にするわけにはいかないので、それに伴って、成績が下るとか、生活が乱れている、とかいう違う理由を付けて「退学にしている」というのが実情だそうです。

おそらく、セックスという理由を正式に退学の事由として表面化させたとしたならば、その数はかなりのものに上るだろうと予想されます。にもかかわらず、表面上はよほどのことがないかぎり、ほかの事由になっているのです。

この生活指導の教師は、「高校生でセックスをしただけでは退学の事由にならないのです」と明確に言い切っておられました。私も、そうだと思うのです。

では、なぜそうなのでしょうか？　それは、それぞれ大人が胸に聞いてみればはっきりすることだと思いますので、あえて私は述べません。

私は思います。セックスの話題をことさらタブーにしているのは、大人の私たちではないでしょうか。語りにくい問題であることは私自身も痛切に感じますが、いま、このタブー性を脱しないかぎり、セックスの問題は水面下に潜ったままで、事態のみが深く進行してしまうという非常に危険な状況になってしまうのではないか、と思うのです。

このことは、セックスが表面化したとき、親と子どもと、その当事者のみを不幸にしてしまうということになってしまいます。そして、性の問題が、ただ単に個人の気質やその家庭のありようという、個別の問題としてのみ存在してしまうことになります。とどのつまり、子どもたちの全体像としての性がいつまでも見えてこないことになってしまうのです。

単なる大人の興味の問題としてではなく、「子どもたちがいかに生きていくのか」という総合的な視点から性の問題を促えていかなければならないのではないか、と思います。それにはまず、大人たち各人の、性に対する考えを正面から促えてみる必要があると思います。

第3章

タメ塾に何ができるのか

塾生が増えたため、福生駅前の商店街のビル２階も教室として使用しはじめた

進学・子どもたちの迷路

私は常々「学習塾」についていろいろなことを考えます。その一つは、「学習塾は悪か」ということです。一般的に言いますと、私は「悪」だと考えています。

何が悪かと言いますと、金儲けに走るとか、公教育をないがしろにしているとか、子どもの健全な育成を阻んでいるとか、受験戦争を助長しているとか、さまざまな事柄があります。その一つ一つは、実にそのとおりだと思います。この批判は、正当な形でずっと続けていかなければなりませんが、私が「塾は悪だ」という意味は、右に述べたようなことではありません。「あなた自身も塾をやっていて、何を言っているのだ！」と思われるかもしれませんが、少し我慢して読み続けてください。

▼・進学の光と影

塾の何が悪かといえば、その最たるものは、塾側に「教えることの哲学が欠如している点」だと思います。哲学とはいっても、塾を支える側のものの見方、考え方、子どもの見方、付き合い方、ということです。これらの点に関して、少し遠廻りになるかもしれませんが、私の考えを述べていきます。

ひところ、「価値の多様化」ということが流行言葉になり、このことについて、さまざまな人が持論を展開しました。私は、この「価値の多様化」という問題を、タメ塾をやっている私と、子どもをタメ塾に通わせる親と、当事者の子ども、学校の教師、地域という限定したなかで考えていきたいと思います。

まず、結論から言えば、「価値は限定されている」ということです。このことは、進学・進路ということに端的に表されてきます。より良い成績で、より良い中学、高校、大学へ、ということになります。私はこの「良い」という価値が貧しいと考えるのです。

「悪いよりも良いほうがいいに決まっている」と言う人、考える人が多いと思います。そのとおりです。この素朴な感情を否定する気など毛頭ありません。ただ、「良い」、「悪い」という価値は、いったい何を基準として考えるのか、ということが問題なのです。「良い」と「悪い」とは、互いに反意を含んでいます。そして、これらは、実に主観的であるとともに社会的な事柄です。「良い」ということは陽性の響きをもっているのが本来的なのですが、進学という具体性を前にすると「陰性」な事柄を含んでしまうのです。

なぜ、進学を前にすると、「良い」ということが陰性的な事柄を含むのでしょうか。それは、この「良い」のなかに子どもの願望や熱意などとは別に、大人の価値観という思い入れや考え方が入りこんでしまうからではないでしょうか。

何が「良い」のかと大人（両親、教師、塾講師など）に問えば、子どもに対していったい大人は何をどのように答えるのでしょうか。

私の耳にははっきりと聞えてきます。偏差値が高く、進学率が高く、生徒の躾が行き届いた学校、こんな学校に入学できれば生活が安定し、安心な人生が送れるのですよ、と。そのために、いまは苦しくとも一生懸命勉強しなければなりませんよ、と。

なるほど、いまの社会は大人たちの言うとおりなのです。非常に残念なことですが、現実なのです。それでも、「このような社会はあまりよい社会ではない」と考えている大人も大勢います。高学歴、特定大学の人間だけがいい目を見るという社会はよくない、と考えているのです。

しかし、頭の中で思っていても、打ち砕かれるのが現実です。この時点で大人は、自らの思いが現実にそぐわないという負い目をもちます。さらに、勉強を強要する姿に、自分の空虚さを感じています。なぜなら、自分がそんなに強要された勉強をしてこなかったからです。あるいは、自らがうまく生きてこれなかった（おそらく、この「うまく生きる」には、社会的地位とか経済的な背景が含まれているでしょう）という思いがあるので、子どもには、親ができなかった「うまく生きる」ことを強要しているのかもしれません。このようなさまざまな親の思いが、「よい学校に進学させる」というときに陰性的な側面として現れるのでしょう。

▼・うまく生きられるのか

ところで私は、「よい学校への進学」と言うときに、この「よい」という言葉にこだわってしまいます。「よい」という言葉は、「よりマシ」という言葉として親は考えています。何度も父母面談で経験するのですが、親が子どもの前で、事もなげに「A高校ではちょっと……、せめてB高校ぐらいならばいくらかマシなのですが……」とか「C高校だと程度が低いし、その点D高校は進学率も高いし……」という言葉を出してくるのです。この言葉を聞くと、私はたまらなくなります。

高校の良し悪しというのは子どもが決めることで、その子どもの判断に任せるべきではないでしょうか。良い・悪いという判断を親がするのはまちがいです。子どもがたまたま選んだ学校が、世間的に言ってよい学校である場合もあり、その逆の場合もあります。それでも本人が納得して入るかどうか、ということが大事なのです。自らが選び、自ら納得して入学することが、高校三年間の生活を左右します。青年期の三年間は、私たち大人が考えるよりずっと長く、そのなかでいろいろなことを考えます。

子どもたちは、いまの勉強は果たして実社会で役に立つのか、いま勉強していることは無駄ではないのかとか、男女交際の問題、社会全体のことなどについて考えます。そして、その体験を通して、「学校を辞める」という道を選ぼうとする子どもも大勢います。

そのときに、親が選んだ高校だから、親が「高校ぐらいは行っておけ」と言ったから、という理由をつけて辞める場合が多くあります。辞める責任を親になすりつけようとするのです。その意味でも、選択は本人に任せておくべきなのです。

親の考える「よい学校」とは、すべての意味で社会性を帯びているのです。そこには、もっとも考えなければならない子どもが不在なのです。「それが子どものためだから」と言いながら、実際は子どもなどどこにもいないのです。「よい学校」とは、紛れもなく、社会的に一定またはそれ以上の地位と将来の安定という一種の保険の役目を果たすところなのです。また、親の、地域社会への見栄もあります。

ほんの少し考えてみれば当然のことなのですが、子どもの価値観は多様です。たとえその結論が大人のような経験や深い思慮の背景がなくとも、あとになって悔むとしても、それは子どもが必死の判断で下した結論なのです。子どもには、子どもが見た社会があります。それが「うまく生きる」ということに短絡的につながらなくとも、子どもは考えて行動しようとします。ただし、子どもも大人のアドバイスを必要とします。そのときにこそ、大人の真の助言が必要なのです。

しかし、よく考えてください。大人の助言は、何と価値が単一的であることか。ほとんどの場合、子どもへの助言は、「子どもがいかにうまく社会を生きれるのか」ということにかぎられてなされているのです。大人のものの見方、考え方、価値の不毛さ、単眼さに、子どもは「耳にタコができる」と言ってうんざりしてしまいます。

子どもは、「うまく生きろ」と言う大人の声に飽き、拒否しようとします。誰に聞いたところで、大人のほとんどが「うまく生きろ」と言います。ところが、子どもにとって、「うまく生きる」というのは実感がありません。子どもは本来、冒険的であり、挑戦的なのです。もちろん、すっかり大人の価値に毒されたような子どももいます。それが「よい（善い）子」である、といった価値観を植えつけられてしまっているからです。

ここで、ほんの少し気を配って子どもを見ると、大人の考える「うまく生きる」側に入れる可能性のある子どもは深刻な問題とはなりませんが、「うまく生きられない」側の子どもにとっては、日々が苦しく、深刻な状況となります。大人が「うまく生きる」側にしか語る言葉をもたないという状況は、大人として、真剣に考え直す必要があるのではないでしょうか。

さて、大人が単に「うまく生きろ」と言う以外に、どのような言葉を子どもたちに語れるのでしょうか。残念ながら、すべての子どもに当てはまるような言葉をいまだに私はもち得ていません。その子どもに応じて、言葉を探さなければならないという状況です。もっとも、これらの言葉は、大人の創意工夫によって語られなければならないし、それぞれの子どもの個性があるわけですから、一般的な言葉などないほうがいいのかもしれません。

▼・近道と廻り道

タメ　どこの学校に行きたいの？

K君　工業高校。Y工業高校かな。

タメ　自分で決めたの？

K君　学校の先生や親に言ったら、先生は、いまの成績では工業高校くらいしか行けないというし、親は、どうせ大学へは行けないんだから、手に職をつけておいたほうがいいと言うし。自分は、どこの高校でも入れればいいんだけど……。

タメ　ちょっと寂しい気がするな。どこでも入れれば行くっていうんじゃ。それに、俺はお前が工業に行くのには反対だぜ。第一、お前は工業に向いていないよ。どっちかっというと、普通科向きだな。それが工業に行くってんだから……。第二に、お前、将来なりたいものってないんだろう、自分でも、「入れればどこでもいい」って言うぐらいだから。それだったら、工業って決めないで、何をやりたいのかを考えるために普通科に行ったほうがいいんじゃないの。別に工業が悪いって言うんじゃなくて、お前には向いていないから、普通科に行けって言ってんだよ。工業に入ってから、自分に合ってないって気が付いても遅いぜ。毎日が面白くなくなって、結局、辞めちまうってことになりかねないし。行く目的がはっきりしないで工業に行って辞めていく奴は大勢いるんだから……。いまの時点で普通科が多少無理だって言われたって、少し頑張って勉強すれば入れるんだから。

以上の話は「よい」という意味からははずれるかもしれませんが、実は同質なのです。「よい」が「安全」という言葉に変わっただけで、背景は何も変わりません。学校の教師も親も「安全」というだけで、子ども自身の向き、不向き、将来、そのほかをまるで考えていないのです。この話では、実は子ども自身も自らの人生や進路を、すべて他人（親・教師）に任せてしまっています。

このように、「高校ならば入ればよい」と言う子どもが大勢います。その責任の一端を子ども自身も免れることはできませんが、責任の大半は大人の側にあります。高校進学という進路における決定の意味を、「将来の安定」という平面的な促え方しかしない価値基準を与えてしまったのですから。

「安定」という発想のなかに、創造力というものは生まれてきません。「安定」というのは、きわめて保守的な発想だからです。子どもたちは、「不安定」という状況のなかで悩み、苦しみ、楽しみ、考え、経験し、その経験の総括から自立していくものです。その経験の「場」を提供していくのが、大人たちの役割だと思うのです。

しかし、大人は「安定」だけを言います。もちろん、大人の考える「安定」もその経験から生まれたものですから、とうてい子どもの力で反論することは不可能に近いでしょう。ところが、子どもは、子ども自身の行為を通してのみ糧になると思います。少年期・青年期にとって、失敗は成長の糧なのです。子どもの行為のほとんどが「安全」で埋められてしまったら、何と恐ろしいことでしょう。

▼●退学・就職・再入学

タメ　なんで、もう一度高校を受験する気になったの？

M君　このままじゃいけないと思って。

タメ　このままじゃいけないっていう、このままについて少し話してくれる。

M君　一度高校入試に失敗して、そんときは、別に高校なんて行かなくっても、働いちゃえばいいと思って、そのままガソリンスタンドで七か月働いていたんだ。だけど、同じ年の人がいなくてつまらないし、毎日毎日、オイル交換とか、洗車とか、給油とかばっかしで、しかも、朝の八時から夜の七時ごろまで、土曜日なんかは夜の九時ぐらいまで残業で、家に帰ってくると、風呂に入って、飯を食って、寝るだけの生活で、こんなんでいいのかなって考えちゃったんだよね。

タメ　何となく分かった。ところで、いまの気持ちは勉強したいって感じなのかな？　遊んでて入試に失敗してるじゃん。遊びのほうは我慢できるのかな？

M君　もう、遊びたいって気はあまりない。親に言われたわけじゃなくて、自分で高校に行きたいって思ったから、勉強はしたいと思う。それに、親の力を頼っていこうとは思ってないから。七か月分の給料を貯めてあるから、塾の月謝や高校の入学金や授業料は、自分で払おうと思っているんだ。

タメ　立派だな。実は俺も、お前と同じような経験があるんだよ、内容はちょっと違うけど。俺は都立のT高校に入ったんだよな。その高校で、ケンカだのいろんなことで何回か停学になって、無期停学をくらって。もう、無期停をくらったとき、こんな学校辞めてやるって思って辞めちゃったんだ。そんときは、何をやったって食っていけると思ったし、その高校に未練なんて何もなかったから……。何度かの停学は、自分が悪さをやって、それなりに納得してたから、高校生活ってもんに見切りをつける気にはなれなかったけど、無期停のときには、すっかり未練がなくなっちゃって。

T高校って、男だけで全寮制なんだよ。たまたま、同室のFって奴が本を集めるのが趣味で、そりゃいっぱい本を持ってんだよ。その趣味があるから、たぶん、魔が差してほかの部屋の奴の本を盗っちまったんだよ。四、五〇冊くらいかな。それが見つかっちまって、退学処分に決定されたんだ。俺は別にFを特別好きだったわけじゃないけど、同じ部屋になったのも何かの縁だし、それに、俺はいまでもそうだけど、教育の現場ってのは絶対に退学にしちゃいけないって思ってたから、そういう奴こそ教育が必要だと思ったから、Fをかばったんだ。

まあ、そのときはまだ思想なんてもんじゃなくて、もっと漠然とした正義感みたいなもんだけど、担任に俺の考えを言ったんだ。担任は、職員会議の決定だから、の一点張りさ。それで、その場は何ともならないと思って、部屋に戻って、同室の奴ら集めて俺の考えを話したら、みんな納得してくれて、みんなで嘆願文みたいなものつくったんだよ。でも、それじゃ少し内容が弱い気がして、万が一、F君が再度人のものを盗んだ場合、F君の処分と同様の処分を受けるといった内容を入れて、その項目だけに俺の名前を書いたんだ。

ほかの奴らは、それだけの根性がなかったんだな。まっ、そのときに同室の奴らにも失望したというのも高校に未練のなくなった理由だけど。その嘆願文を持って、今度は担任を通さずに、直接、校長と教頭のところに行って談判したわけよ。校長は渋ってたけど、教頭は俺たちに何となく好意的で、「分かった。君たちの申し入れの趣旨はよく分かったから、今日のところは部屋に帰りなさい」って言ったんだ。何となくその教頭の言い方に好感がもてたから、その日は部屋に帰ったのよ。

しばらくして、退学処分から停学処分に変更になって、何となく日数が経って、もうすっかりFも前のとおりに戻って、その事件など忘れてたのよ。そうしたらまた、Fは人のものに手を出しちまってさ。それから話が複雑になってきて、担任は「お前は嘆願書に責任を取るとはっきり書いたのだから、ただではすまないぞ」と脅迫めいたことを俺に言ったり、オロオロしてるばっかで。二、三日して、俺も無期停学の通知を受け取って、もうこんな学校にいてもしょうがないと思って自主退学したわけよ。

そのときは、何したって食えるし、自分の力で食っていきたいという考えもあったし、実際、喫茶店のカウンターのなかで働いたわけさ。一か月くらいは、皿を洗ったり、簡単な飲み物をつくったりしていた。夜中だって誰にも拘束されないし、比較的自由で楽しいな、なんて思ってたんだけど、二か月、三か月と過ぎていくうちに、「俺はこれでいいのかな」なんて思い出したわけよ。毎日、皿洗ったり、ピザを焼いたり、夜中は花札なんかに付き合ったりして、何か将来がないような気がして、虚しくなってきて。昼なんか、高校生が彼女を連れて楽しそうに歩いていたり、友だち同士がふざけあったりしているのを見ていて、もう一度高校に行ってみたいと思ったんだよ。そう思ったら、働いているのが嫌になって、親に手をついて「もう一度、高校に行かせてくれ」って頼んだんだ。その点、お前より軟弱だったんだよな。お前は自分の力で高校に行こうとしてるんだから、立派なもんだよ。

ところで、どこを受けたいの？

M君　本当は普通科に行きたいんだけど、中学校のときの内申が悪いから、工業高校ぐらいしか行けないと思うんです。

タメ　実際のところ、内申の壁は厚いよな。それに、あと三か月ぐらいしか時間がないけど、諦めて欲しくねえな。都立は工業高校でも仕方ねえけど、私立のほうは、これから頑張って勉強して普通科を受けてみれば。どうせ一度は学校に行かないという決心をして、それから学校に行きたいと思ったんだから、その気持ちを大切にして、できれば大学まで行って欲しいと思うな。

俺は、早稲田大学と和光大学の二つ行ったけど、大学ってのは、いいなって思うよ。何でいいかって言うと、世間で言われているような、いい会社に入れて高い給料をもらえるとか、高い教養とか学問、知識が身につくっていうんじゃなくて、友だちが多くなったり、世間が広くなったり、とにかく、いろんな人間を見れるという意味で面白いんだよ。一生懸命勉強しろ、なんてまちがっても言わないから、大勢の人間と付き合うのは必要だと思うよ。おおげさに言えば、日本中というより、世界中の人間が集まる可能性があるんだから。いろんな特技のある奴、考えの奴が、動物園の動物よりいっぱいいるんだから。

俺が思うに、ほかの人間とはひと味違った経験をお前はしてるんだから、その意味では人よりトクをしてると思うんだよ。だから、その経験を活かしてモノにして欲しいんだよ。そのためには、できるだけ頑張って普通科の高校に入学したほうが大学を選ぶときに範囲が広くなるから。工業高校での単位がそうなってるから、仕方がねえんだよな。

ここに挙げた話題では、私自らが子どもを上昇させようとしています。「よく生きろ」と言っているのです。前述してきた主旨と矛盾していると思われそうですが、決して矛盾していません。それは、私の言葉は子どもとの関係から生まれ、さらに子どもの独自の経験があり、それが私の経験と少なからず似ており、その意味で、私の経験から得た教訓を主観的に述べているからです。私にとって「よかったこと」という独自の経験を語っているにすぎないからです。

常に私は、子どもと接する場合、私の得た体験による価値判断にできるだけ忠実に語るように心がけています。肯定的なことも、否定的なことに関しても、そのように心がけています。

胸を張るタメ塾

「教育の機会均等」などと言われています。本当にそうなのでしょうか。私には、どうもこの「建前」が嘘に思えて仕方がありません。学習塾をやっているせいもあり、なお一層、この言葉の嘘々しさが分かってしまいます。

私立の小・中・高・大へと、多くの子どもたちが入学を目指して勉強をしています。なぜ「私立」かというと、親の考えの代表的なものとして、「公立の学校の生徒は乱暴だ」ということや、躾(しつけ)が甘い、大学の附属に入学できれば、あとの何年間かは入試に関係なく子どもの個性を伸ばせる、というものが多数となっています。

逆に言えば、公立しか行けない人は「不利だ」ということになります。決して私はそう思いませんが、いまの世の中で考えられる「有利」ということは、とどのつまり、金銭的な余裕のある人間にとっては「教育」もまた「有利である」ということです。

そして、それが決して誤った認識でないことは学習塾をやっていても分かりますし、ある新聞社の調査でも明らかになっています。いわゆる有名大学、公立、私立を問わず、この種の大学に入学するまでの教育費が払えれば払えるほど合格できる、という結果が出ているのです。

私も、心からそう思います。お金を充分に払ってくれさえすれば、私自身、長期的な計画を立てれば、子どもをいわゆる有名大学に入学させることなど簡単にできると思っています。多くの時間と多くの人材を使ってならば、誰しもがほぼ可能でしょう。

しかし、莫大な費用をかけられる人は、きわめて少数の人でしかありません。費用をかけられない人々のほうが圧倒的に多いのです。費用さえかければ、時間さえかければ「落ちこぼれ」ないですむ子どもが大勢います。これは事実です。

このことが事実であるがゆえに、私自身学習塾をやっていて腹立たしいことや歯がゆいことがたくさんあります。この子どもに時間をたくさんかけてあげたい、かけてあげたいが……。このような思いは、さまざまな現実に突きあたらざるを得ません。

ズバリひと言で表現してしまえば「お金」なのです。私たちが、子どもと付き合い、いくら時間をかけてあげたい、時間さえかければ確実に成績がよくなったり、生活が荒れなくてすむ、と思っても限界があります。それは、私を含め、タメ塾のスタッフたちの生活があるからです。その生活をギリギリに近い形で切り詰めても、なおかつ限界がありますし、あまり切り詰めると息が続かなくなってしまいます。

生活が困窮しているという理由だけで見捨てられている子どもが多いのです。これは、何も親の責任ではなく、子どもの責任でもなく、ひたすら行政や教育現状の責任なのです。

▼●なぜか寂しい教師たち

最近、私は強烈な経験をしました。まだ私と付き合いの続いている子どものことですので詳しくは述べられませんが、明らかに困窮であるがゆえに放置された例なのです。家庭のことや、子ども同士の関係などで、精神が本当に疲れ切ってしまったのでしょう。その子どもは「オール1」

という結果になってしまいました。さまざまなことがあって、母と子どもたちだけの苦しい生活のなかで、お母さんは思いあまってタメ塾に相談に来られました。

その子どもは、本当は明るく、素直な子どもです。私の眼からすれば、愛すべき子どものなかに、無条件で入ってしまう子どもです。何度か話してみて、本当にそう感じました。その子どもに何度か会った結果、授業料を下げてでもタメ塾の総力を挙げて付き合うべきだ、と私たちは判断しました。

もちろん、スタッフ全員がその判断をしたということは、全員の給料が下がることを意味します。そして、その間の差額を、私が自腹でみんなに払うことを意味します。言葉で言ってしまえば簡単なことですが、実は大変な決心なのです。私を含めて、全員の生活に直接響いてくることですから。

それでも、その子どもは愛すべき子どもでありますし、かつ時間さえかければ、オール1という状況から脱し得る、と思ったのです。

その子どもと母親と話していて、いまの行政や社会に本当に腹が立ってきました。そして、学校の教師にも腹が立ちます。行政はもともと融通が効かない、あるいは弱者には冷たい、というのが当然ですから、その腹立ちも何となく客観的に対処できることがあります。

しかし、学校の教師となれば訳が違ってきます。少し挑戦的な言葉を投げ掛ければ、公務員として、その生活に足る（決して満足できるとは思いませんが……）給料を保証されている身分の人々です。土曜日は半日ですし、日曜日は休みです。しかも、春、夏、冬と、かなりの長期にわたっての休日があります［現在の教師から、「そんなことはない！」という反論が聞こえてきそうです］。

それに比べてタメ塾は、生徒の親が払う月謝で食べ、生徒が集まらなければ食えなくなる不安と、ボーナスすら払ってやれないという状況のうえ、春、夏、冬の休みもなく仕事をしているのです。そのなかにあっても、何となく気になる子どもには、金銭は別にして、気になるがゆえに、少なからぬ時間を割いて付き合ってきました。

何も、そのことを誇っているわけではありません。たとえ、それが学校であれ、学習塾であれ、社会一般であれ、教育という実践に関係した人間であれば当然のことなのです。しかし、です。教師という公務員で、身分がはっきりと保証されている人間が手間と時間をかけさえすれば向上し得る子どもを放置している現実に接しすぎている私たちからすれば、それは「怠惰」と表現する以外に表現のしようがないのです。

家庭が、多少無理をして学習塾に通わせることができたり、家庭教師を頼んだりできるのであればまだ我慢もできますし、緊急性もあまり感じることはありません。しかし、困窮の極にある家庭は、学習塾に通わせることも、家庭教師を雇うこともできないのです。それらの子どもを放置している姿勢は、断じて許せません。教師は、その子どもたちに何かをしてやるために「一番しやすい立場」にいるのですから。

これらの思いを教師たちにぶつけると、彼らの返事は次の二つに大きく分けられます。

❶時間がない（学校の仕事で手いっぱい）。

❷特定の子どもだけに時間を割くと、ほかの生徒との公平さに欠け、その点を子どもたちからも、親たちからも非難される。

ほとんどの教師から、このような言い訳が語られます。私はあえて、「言い訳」と言い切ります。実際、教師をやっている友人や知人の話を聞いたりしますと、多くの雑務があることも分かります。そして、特定の子どもに時間を割くと、非難されるという現実があることも理解できます。

しかも、一人の教師が三五名から四〇名の子どもを受け持たされるのですから、大変なことです。私が、「三五名から四〇名の子どもの面倒を見なさい」と言われたら、尻込みをしてしまいます。とうてい私には無理なことだ、と思うからです。この点では、教師に同情することもやぶさかではありません。

本気に一人ひとりの子どものことを考え、その子どもと付き合おうと考えるならば絶望的です。けれども、ラジオの人生相談ではありませんが、「絶望は愚者の結論」です。その状況を打ち破る行為や、たとえ絶望的であるにせよ、自らの努力を放棄すべきではないと思います。

▼•子どもに向かって歩く

ここで、いまの教師でも気持ちと熱意さえあればできるということを、私の見解として述べたいと思います。

一つは、クラスの人数に関して。これは、文部省［現文部科学省］あるいは政府という大きな力に対しての行動ということになりますから、一朝一夕に事が解決するはずはありません。しかも、この点に関して教師だけを責めるのも一方的となります。

けれども、このことに対して「教師が熱心でなかった」とは言えます。本当に子どものことを思えば、あるいは教師自らが自分の能力を考えれば、一人が三五名から四〇名の子どもを相手にして、「充分に対応できない」ことは明らかなのです。[1]それは、教師自身のためでは決してなく、子どもにとってよくないことなのです。

こんなことは、私の口から言われるまでもなく、充分に認識されていることだと思います。に

（1）令和三（二〇二一）年度より、小学校の生徒数の上限が三五人となっています。ただ、段階的に進めているため、すべての学年において三五人になるのは令和七年度となります。

もかかわらず、教師のこの問題にかかわる取り組みの姿勢は何とも歯がゆいばかりです。長年、子どもの数が教師一人に対して多すぎることは分かっていたはずです。ところが、この問題に関して、強烈なエネルギーのもと教師が取り組んでいる姿を、少なくとも私は見ていません。

毎年、日教組の委員長が文部大臣［現文部科学大臣］に対して、一、二度申しわけ程度に要求項目として取り上げているというのが現状でしょう。子どもの数が多すぎ、結果として子どもをなおざりにせざるを得ないという認識は教師全員共通のものでしょうから、まず、思想がどうの、組合がどうの、といったセクト主義から脱して、それこそ子どものことを真剣に考えるという点で大同団結すべきです。

どうも、教師にそれだけのエネルギーが見られないのが残念です。

もう一つの点は、「時間がない」という点です。雑務が少なからずあることは認めます。テストの採点、テストの作成（業者のテストやドリルを使う人も多いので、理由として迫力に欠けますが）、クラブの担当、記録表の作成、行事に関する諸事務など、数えあげればキリがないほどたくさんあります。

けれども一方では、教師でありながら学習塾でアルバイトをしたり、ほかのアルバイトをしている教師も大勢います。ほんの小さなタメ塾ですら、「仕事をさせてくれ」と言ってやって来る人が多くいるのです。(2)

これらのことなどから判断すれば、工夫さえすれば子どもに付き合う時間はつくれると思います。一歩譲って、「日常が忙しい」ということを認めたとしても、春、夏、冬の長期の休みのときなどであれば、いかに忙しくても「時間がつくれない」とは考えられません。このことについても、教師にエネルギーと熱意が欠けている、と断じなければなりません。

最後に、「特定の子どもだけに時間を割くとほかの生徒との公平さに欠け、子どもたちや親から非難される」ということに関して。これは、いまの社会では予想され、かつあり得ることだと思います。しかし、情熱と誠意をもって、その子どもにとって必要であると説けば、必ずや納得させることができると思います。

贔屓（ひいき）という感情が起こるのは、その子どもに対して行動をするときに、何らかの不正義な思いを自らがもっているからだ、と私は考えます。明らかに正義、あるいは必要だという信念が自らにあれば、いっとき誤解らしき状況がつくられる場合があるかもしれませんが、その信念の赴くままに行動し、その信念と誠意をもって説けば氷解するものと思います。

要するに、いかなることであっても、熱意と誠意さえあれば、教育は大きくはまちがった道を

（2）もちろん、当時の話です。公立学校の教員の副業は基本的に禁止されていますが、許可を申請して認められた場合は副業が可能になります。「教育公務員特例法17条」参照。

歩むことはない、と信じています。

たったこれだけのことなのですが、いまは実行されていないというのが現実で、いかにも残念で仕方がありません。

しかし、「いまの教育の荒廃のすべての原因が教師にある」などとは毛頭考えておりません。この荒廃の状況は、すべての人間の責任なのです。ただ、自らの立場で、己自身が熱意と誠意さえあればできることをサボっている現状は容認されるべきではありません。そこには、「公教育の教師だ」とか「学習塾だ」とか「役人だ」とかいった立場を超えた、普遍性に近いものがあると思うのです。

教育は、常に子どもが主人公である、という点を忘れないということです。そこには、貴賤や貧富、あるいは日本人とか外国人、健常者や障害児といった、一切の社会的位置や存在に関係なく、本当の意味における子どもの平等、あるいは対等という捉え方がなければならないと思います。

少し愚痴っぽくなってしまいましたが、いまの教育は、いまの子どもたちの状況は、このような荒廃した状況をなんとか大人の力で変えないかぎり、本当の意味での教育が成立することはないでしょう。(3)

さよならだけの教師たち――学習塾はなくなるか

「学校か学習塾か」という論争は、当然塾のほうに分が悪く、その見解に何ら反論するつもりはありません。私に、一般的な「塾」を擁護する姿勢がないからです。

しかし今日、これだけ塾の数が増え、しかもそのほとんどが経営的に成り立っているという現状を否定するというのは、たやすいことではありません。

大上段に論を構え、「塾は悪だ」と決めつける人がいますが、これは安易すぎると思います。また、「必要悪だ」として消極的に肯定するというのも不適当かと思われます。もう少し掘り下げて、あくまでも子どもを主体としてこれらの問題を考えてみる必要がありそうです。

少し話は横道に逸れますが、貸しレコード屋の問題がクローズアップされたことがあります。数多くのレコードを用意して、不特定多数の人に一日二〇〇円とか三〇〇円で、レコードの値段の一〇分の一程度で貸していると聞いています［当時のことです］。

（3）この節で語られていることが理由で、教師という職業は「３K」であるとして、二〇二三年の現在では、教職を志す人が少なくなっていると聞きます。本書に書かれていることとは別の意味で、難儀なご時世になったと思います。現職教師がアピール（宣伝）をして若い人たちを勧誘する、といった姿勢に期待したいところです。

うまいところに眼をつけたものだ、と私などは素直に感心していますが、レコード会社や、それにつながる作曲家、作詞家にとっては生活が破壊されるといった危機感があるようですし、レコード店の売上額が半分以下になるという現象も起きて、いろいろと複雑な問題がそこに潜んでいるようです。

私には、レコードを聴いて楽しむとか、カセットテープに音楽を吹きこんで楽しむという趣味がまったくありませんので、第三者としてこの問題の成り行きを見ていました。

レコード製作、販売、そして貸しレコード屋、聴取者の人たちの立場を第三者（本当に第三者たり得るのかどうかは実に怪しいのですが……）として考えてみました。

まず、聴くほうの側から考えましょう。素直に助かります。何といっても、同じお金でレコード一〇枚分を聴けるわけですから、これについては何も言うことはないはずです。素直に喜んでいるようです。「百利あって一害もない」のですから、それは当然のことです。

貸しレコード屋の側としたら、「当たった」とか「やった」というところではないのでしょうか。貸しレコード屋の社長にしてみれば、最初の実感はそうだったのではないかと思います。その社長は、毎年レコードの値段が上がっていき、ティーンエージャーなどが多くのレコードを手にしなくなるという読みや、自分自身がレコードを買って「高すぎる」と感じたのかもしれません。世間一般の人びとの間におけるレコードの貸し借りでは曲にかぎりがあると感じて、店を構えてそれを貸せば商売として成立する、と考えたのでしょう。

それに、なぜ貸しレコード屋が非難されなければならないのかと思っていることでしょう。非難はまちがっていると、正面きって反論できる根拠を信じて疑わないと思います。なぜならば、貸しレコード屋を非難しているのは世間一般の人々ではなく、きわめて一部の人々、レコード店、レコード製作会社、作曲家、作詞家などにかぎられているからです。多くの人は、貸しレコード屋ができたことで助かっているのです。

貸しレコード屋に反対する側、レコード会社にすれば本当に痛手、すなわち利益が減るという切迫した事情となります。ですが、経営者は、すでに手を打っていると思います。利益を守るために、レコード価格やカセットテープの価格に、損益分に見合った額の上乗せを認めさせる法律などの制定に向けて働きかけるにちがいありません。製作スタッフや作曲家、作詞家はその分け前をもらえばよいのですから、何となく収まりを見せると思います。

大変なのは、レコードの小売店ではないでしょうか。政治は、レコード会社には何らかの手を打つでしょうが、おそらく販売店にまで、その保護の手を向けることはないと思うからです。(4)

（4）ここに書かれているとおり、大都市においてもレコード店が少なくなりました。ただ、その理由は、かつての貸しレコード店ではなく、インターネットによるダウンロードとなっています。

▼・檻の中の教育

私は、ただ単に「レコード戦争」を語ろうとしているわけではありません。レコード戦争を、学習塾と学校、世間の人々、そして政治ということに置き換えて少し考えてみたかったからです。レコード会社が学校、そして教師ということに、貸しレコード屋が学習塾、聴取者が親と子ども、そして政治が文部省［現文部科学省］ということになります。聴取者としてではなく、塾に行かせる親と塾に通う子どもは、いったい塾をどのように見ているのでしょうか。親は、学習塾を必要悪と捉えていると思います。必要悪と言うぐらいですから、「必要だ」という面と「悪だ」という両面をもっていると思っているわけです。

必要というのは、うちの子どもにとって必要ということであって、その必要さも親によって異なります。学校ではよくできるほうだが、もっとよい学校に入るために学校以上のことを勉強させたいとか、成績は悪くないが安心のためにとか、あるいは学校に追いついていけないので、せめて平均点がとれるぐらいの力をつけて欲しい、という期待があると思います。

その気持ちの底にあるものは、高校入試や大学入試です。多くの親たちは、入試がなくなることを望んでいるはずです。もちろん、一方には、入試はあったほうがよいと考える人もいるでしょう。ただ、いずれの側で考えるにせよ、入試がなくなるという現実性を考える人はいないと思います。

ここには、入試があるから仕方がない、という「必要」と「悪」があります。子どもも、親の考えに同調している場合が多いのです。しかし子どもは、学習塾での勉強についていろいろ考えていることでしょう。とりわけ、親に強制されて行かされている場合は、その子どもにとって苦痛以外の何ものでもないでしょう。

子どもの苦痛を、その子どもの将来のためという親のエゴイズムで合理化してはなりませんし、学習塾のほうも、その状況を知りながら子どもを入塾させるのは「悪」以外の何ものでもありません。

さて、貸しレコード屋側の学習塾はどうなのでしょうか。学習塾は、世間の人々が考えている「必要」という部分にその根拠を置いています。つまり、入試という現実がある以上、「需要がある」と考えるわけです。しかも、公教育、そのなかでも、小・中学校は子どもにも親にも拒絶する自由がなく、その学区の学校に行かなければならないわけだし〔現在は、制度が一部変わっています〕、担任の先生やクラスの選択も「自由」とはなっていません。

しかし、学習塾は違います。学習塾を選択する「自由」を、親と子どもがもっているのです。したがって、学習塾の先生についても選択する「自由」をもっていると言えます。さらに、学習塾に行かせたくなければ、あるいは行きたくなければ、行かないという「自由」があります。この点は、何と言われようとも、公教育と異なる「強み」として学習塾の側がもっています。

そしてもう一つ、学習塾は「子どもを選択できる」ということも重要なポイントとなります。ところで、レコード会社としての学校はどうでしょうか。レコード会社と違って、眼に見える損益は学校にはないようです。学校の教師が努力をしなくとも、その地域の子どもたちは学校に入学してくるのです。俗な言葉で言うと、必ずお客さんがやって来るわけです。ただし、学習塾に子どもが行くことによる損益が学校にはあると思います。

学習塾に行くという理由でクラブ活動を早目に切り上げたり、休んだり、あるいは勉強が遅れるからという理由で、最初から参加しなかったりもします。また、クラス内の子どもの学習バランスが崩れるといったこともあるかと思います。できる子どもはより以上できるようになったり、学校の授業よりも子どもの学習のほうが進んでいたりもするでしょう。そうなれば、本当にバランスが崩れると思います。

逆のバランスも考えられます。クラスの授業に追いついていけない子どもの補完を学習塾がしているという面も、決して見逃すわけにはいかないからです。理想を言えば、先生が充分に努力さえすれば「落ちこぼれ」ないし、「落ちこぼし」という状況はなくなるはずです。当然、学習塾の「悪」の面だけが強調され、塾の数は確実に減少するでしょう。

とはいえ、この「落ちこぼれ」ないし「落ちこぼし」の責任を学校の教師にすべて押しつけるというのは酷なことだと思います。一クラス三十数名の子どもを預るとしたら、先にも述べたように、私にもまったく自信はありません。子どもの人数だけではなく、教師という、教える側の「自由」を束縛しているものがあったりするからです。

いよいよ政治という文部省［現文部科学省］の登場です。この文部省の悪さは数えあげれば切りがありません。ですが、文部省の悪さだけを言って、教育側の責任を棚上げするといった風調もいただけません。この点は後述するとして、文部省の悪さを指摘することにします。

それはさまざまにありますが、次の三つに集約されます。

❶入試という選別体制を存続、強化していること。
❷子どもへの評価体制を存続、強化していること。
❸教育現場のことを考えていないこと。

この三つが克服されれば、学習塾は激減します。

▼•教え子を警察にわたすな

もう少し、学校と学習塾のことを考えてみたいと思います。何度でも言いますが、「学習塾が悪か」と問われれば私は「悪だ」と答えます。けれども、悪だと言ってしまえば問題が残らないのか、あるいは学習塾がなくなれば問題が解決するのかというと、そうではないのです。

お互いがお互いの立場からのみ非難しあって解決するほど、いまの教育の荒廃と言われる状況はたやすいものではないのです。もっともっと根が深いもので、社会全般の問題、文化的な問題、地域的な問題、価値観の問題など、ありとあらゆる問題が複合的に重なりあっている状況だと考えられます。

けれども、相互批判ということは大切なことだと思います。この相互批判という観点から、私の考えていることを述べてみたいと思います。学習塾、あるいは学習塾講師に、学校、あるいは学校の教師に「哲学はあるのか」という問題を考えてみたいと思います。この場合、哲学とは、ものの見方、見え方、考え方、あるいは批判精神といった意味合いです。残念ながら、多くの学習塾と学校にこの哲学が希薄では、と思われます［一九二ページも参照］。

学習塾の場合、この欠落は顕著な形で現れています。有名校に何名入学させることができたか、そのためにどれだけ厳しい学習をさせたかという「進学エリート養成」を主目的とした学習塾、あるいは、いかに効率よく儲けるかのみを追求している学習塾――残念なことに、そこには子どもの存在がありません。あるのは、大人社会の縮図があるだけです。

学習塾が学習塾としての存在価値を認めるとすれば、文部省［現文部科学省］や社会の拘束からは自由であり、自由であるがゆえに、学習塾の個性、独自性といったものがストレートに表現しやすいことではないかと思います。それが欠落しているならば、学習塾は悪以外の何ものでもありません。

そのことはまた、学校と教師にも同じことが言えます。もちろん、少数の教師、あるいは学校が真剣に子どもと向き合っていることも知っています。しかし、大多数は……ということです。本当に、真剣に子どもたちのことを考えて付き合っているのか、ということです。私の眼をどのように凝らしてみても、そうしているとは思えません。

毎年、少なからぬ人数の「非行」と呼ばれる子どもたち、「落ちこぼれ」と称される子どもたちがタメ塾に通ってくるという状況は、公教育の「サボリの投影」としか言いようがありません。学習塾が、これらの子どもたちのいくぶんかを補完していることは疑いようのない事実です。

さらに教師は、教師という立場を悪用することがあります。私はあえて「悪用」と言い切ります。教師はその権限として、子どもを選別する力をもっています（ある人は、「もたされている」と言います。その主張も充分に理解することができますが……）。具体的には、五段階の評価を子どもにつけることです。それ自体を見れば、「教師は文部省から抑圧されている」と言えますが、その選別の権限を利用して、子どもの行動を抑えたり、管理しようとする姿勢を見せる教師も決して少なくありません。

前にも述べましたが、「そんなことをすると内申書に響くぞ」といったたぐいの言動は、子どもに対する脅迫以外の何ものでもありません。教師は、教師になった途端、子どもよりも強い立場に立つことになります。その強い立場を利用して、一方的に子どもを処罰したりするという行為は許しがたいことです。

また、教師の器（うつわ）が小さくなったようにも思います。次節で詳しく述べますが、子どもの悪さや非行を理解できる教師が少なくなりましたし、それらの子どもに付き合える教師が少なくなりました。ひらたく言えば、「優等生教師」が多くなったということでしょうか。もう少し言いますと、「告げ口教師」が多くなりました。学校での出来事を、学校内で処理、始末するのではなく、親に告げ口をしたり、甚だしい場合には、警察にまで「タレコミ」をするといった教師がいたりします。あるいは、子どもが少し悪いことをすると、親の責任にしてしまうという教師も少なくありません。

親との話し合いで、親がよく言う言葉があります。

「学校で起きたことは、学校で解決するのが本当ではないですか！」と。

私は、そのとおりだと思います。もちろん、学校だけで解決できないこともありますが、それは決して多くないと思います。どうも、学校内で解決するという努力が少なすぎるように思います。私ならば、自分のところで起きたことは、どんなに難しいことでも自分たちの力で解決しようとします。それは子どもを預っている以上、当然のことだと思うのです。私たちは養育しているのではなく、教育しているわけですから……。万が一、私たちで解決できなければ、私たち自らの能力のなさを反省しなければならないでしょう。

教師は、教育のプロフェッショナルなのです。プロは、自分の無能力さを決して他人に押しつけたりはしません。常に自らの力不足を反省し、プロになろうと努力します。その意味で、教師のプロ意識の甘さというものが眼につきます。

「学校か学習塾か」というテーマで、私の考えを少し述べてみました。双方の問題点をすべて挙げられたとは思いませんし、反論や批判もあるかと思います。しかし、あえてこのテーマで書いたのは、子どもと付き合う人すべてが、真に「子どもとともに生きる」ということを自らの課題として常に考え、行動しなければならないと思うからです。教育に携わる人すべてが、もう一度、考えるべきことではないでしょうか。

添い寝を拒否する教師たち

一九八〇年六月、タメ塾の主催で「共生を求めて」というシンポジウムを開きました。

タメ塾の五年間を一つの区切りとして、これまでの子どもと親との付き合いを振り返り、今後どのようにタメ塾をもってゆくべきかについて考えたかったからです。

当日の出席者は、元小学校教師、現教育評論家の遠藤豊吉氏［一三ページ、および二四八ページ参照］、和光大学人文学部教授の三橋修（みはし）氏（一九三六～二〇一五）、さらに現役の中学校、高校教師と私の五名でした。平たく見れば、小学生から大学生までを教える、あるいは教えた人間が一堂に会したということです。

このシンポジウムは、午後一時から午後七時までという六時間の長きにわたって行われました。それは、いつも私自身が思っていたことですが、一、二時間では話が尻切れになってしまい、つまらない思いをしてしまいますので、できるだけ長い時間をとって、話が途切れることを防ごうと思ったからです。

この六時間は、私にとっては大変貴重なものでした。いままでの私たちのやって来た実践が、「多くの点で誤まりがなかった」と検証されたこと、あるいは、今後のタメ塾としての方向性が大筋ではまちがいないと確められたからです。そして、さらにシンポジウムに参加してくださった方々と、その後の付き合いができたということも大きな収穫でした。

▼●権力をもつ教師たち

参加者の一人の、福生市立第三中学校教諭の武田秀夫氏（一九八三年三月で辞職なさり、現在は市井（しせい）の方となっています）は、シンポジウムでも述べられておられたうちの何点かに関して、

「虚飾をそぎ落とした学校」（月刊『家庭科教育』一九八一年七月号）という題で次のように書いていらっしゃいます。


学校というのは、ほんとうに奇怪なところです。

新宿の街を自分の学校の生徒が手をつないでいるのを発見した教師は、その生徒手帳を取り上げる。怒った生徒は、その家に出向き、なりゆきで教師を殴打するに至り、退学処分。その処分を不満とした父親は、その学校に影響力を持つ某参議員議員秘書に事を訴え、秘書は学校側に処分撤回を働きかける。とうとう板ばさみにあって悩んだ担任教師（生徒手帳を取り上げた教師とは別の教師）は、あろうことか、電車に飛び込んで自殺……。

しばらく前の新聞記事です。

年ごろの少年少女が仲よく手をつないで街なかを歩いていたことが発端となって、退学処分や教師の自殺にまで事が進む。並みの人間の感覚からすれば奇怪としか言いようがありません。

学校があり学則があればこそ、そして学校の教師であればこそ、こういう奇怪な振る舞いを余儀なくされるのです。

とはいっても、この私もまた、学校という空間にとらえられてそこに棲む者の一人であり、学校の教師になったがゆえに、とりかえしのつかない変容を我が身に経験させられてしまった一人なのです。

私は幼時から、人に殴られたこともなければ、ほとんど人を殴ることもなく生きてきました。その私が大学をおえて教師になったとたんに殴りはじめました。

なぜ自分は教師になったとたんに殴りはじめたのか。この変容の恐ろしい意味を、当初によく考えぬくべきだったのです。

それにかわって私のこころにひびいてくるのは、「教師になる人はだいたいにおいて真面目な人が多い。ろくにけんかもせずに大学を卒業してそのまま教師になる。ところが学校へ来てから急に人に手をあげるようになる。恐ろしいことだ。」という根本昌宥氏のことばが恐ろしいことだ、恐ろしいことだと私の心の闇の中でリフレインのようにひびくのです（根本昌宥「ストップ・ザ・バイオレンス」、『新体育』一九八〇年一二月号）。

しかし、また、私は、虚無の面貌（めんぼう）にはりついた仮面をはぎとり、虚無の面貌をさらして生きていこう、そうすれば人間的な皮膚がつかみづらいから面貌をおおうかもしれない、そしてそのとき私はいろいろな人にはじめて出会うかもしれない、という、私のなかで始まった思いもまた、ひとは止めることができないだろうと思っています。

人と人とのあいだをつなぐ権力的な関係。その権力的な関係を「教育」の名において組織する学校。その学校の中で、権力をふるう味を味わってしまった教師。その教師は、生徒との間に結ばれた権力的な関係を人間と人間との正常な関係と錯覚し、人間的なものに対して不能なこころを抱くようになる。だから、子どもたちの人間としてのことばやさけびが、学校や教師の権力に対する反抗としか見えない。あるいは、その権力によって守られている学校秩序を紊乱（びんらん）する悪しきものとしてしか見えてこない。こうして、教師は子どもたちと出会うことができない。

　私は、おろかにも、こんなことがようやくこのごろになってわかってきました。そして、子どもたちと出会うために、自分の中の人間的なものをとりもどすために、一歩一歩、虚飾をはぎながら歩いていこうと思うようになりました。［ルビは編集者］

▼・学校は軍隊か

　かなりの長文を引用しました。私は、自らの体験として、学校はひどくつまらなく、権力的管理の機構だと思っています。そこにおける教師は単に機構の歯車の一つではないのか、と思います。何か、それは軍隊に似ている、といつも考えています。上官が部下を平然と殴る、そして、軍隊のもっとも恐ろしい点は、一人の人間として機能することなく、ただ単に武器のボタンや引き金を引くだけの存在としてのみ位置する消耗品であることを要求されているところです。

そこでは、人間的な営為など無用なのです。

教師が、武田氏の言うように、その多くの面を管理するという行為や位置にいるのだとすれば、それはもはや銃の引き金を引く存在になってしまっている、ということではないでしょうか。銃の引き金に指がかかったままで、愛だの、正義だの、信頼関係だの、教育だの、といろいろなことを口にしたとしても、子どもの誰一人として信じる人はいないでしょう。

連日の報道で、校内暴力が取り上げられている今日このごろです。つい最近、「トイレを壊した」ということで、学校側が子どもを名指しで警察に告訴したというニュースが私の耳に伝わりました。たぶん、子どもたちは本当にトイレを壊したでしょうし、それまでに、少なからず教師の手をわずらわせていたことでしょう。

多少、教師に好意的に見ると、教師は連日連夜、この子どもたちのことで頭を悩ませ、肉体を疲労させたことだと思います。眠れぬ夜を幾日も過したでしょう。何度も子どもたちと話し合いをしたのでしょう。何度も家庭を訪問したでしょう。ずいぶんと、「努力」をなさったことと思います。ですが、結果は残念ながら、警察に告訴せざるを得なかったのです。

私は、教師が「努力」をしなかった、などと軽々しく批判したくはありません。努力はしたが、子どもたちは遂に変わらなかった。だから……。おそらくは、そういうことなのです。けれども、努力したのは教師という大人であり、その結果、「無力であった」と結論を下し、教育を放棄してしまったのも「教師」という大人です。大人が勝手に振る舞い、大人が勝手に告訴をしたのです。

努力したという結論を導き出すのに、その努力の基準はどこにあるのでしょうか？　そのとき、子どもは努力をしなかったのでしょうか？　大人と子どもが互いに努力した。しかし……となるときは、いったいどこにあるのでしょうか？

▼・不真面目と真面目に向きあう

私は思います。武田氏は、「子どもは、権力によって守られている学校秩序を紊乱（びんらん）する悪しきものとしてしか見えてこない。こうして、教師は子どもたちと出会うことができない」と述べています。そのとおりなのです。権力を握る側にいる人間は、自らの行為を絶対の正義と信じます。その正義の眼から見れば、子どもたちの行為は「不正義」、すなわち「悪」としか映りません。不幸なことに、ほとんどの教師は権力の側にいる自分に気付いていません。仮に気付いたという人も、その位置の居心地のよさに、時を流してしまっています。

管理する側というのは、ほとんどの場合、管理される側よりも強い権力をもっています。この権力というのは厄介なもので、権力に頼るまい、なるべく権力を振り回すまい、と思えば思うほど、その個人に大きな努力が要求されます。努力を嫌えば、権力に寄りかからなければならなくなります。寄りかかれば、その人間は権力者になってしまいます。

教師という存在は、「この選択が日々迫られる」という意味で厳しい職業だと思います。この選択を、管理するということで解消しようとするたびに、仮面を付け足していかなければならなくなってしまいます。

管理者になってしまえば、永久に子どもとは出会えなくなってしまいます。武田氏は、「ようやくこのことに気づきました」と述べておられますが、それよりも、武田氏が「子どもと出会うために、自分の中の人間的なものをとりもどすために、一歩一歩、虚飾をはぎながら歩いていこうと思うようになりました」という表現に、正直に言ってしまえば、学校の悲惨な状況の今日的な姿が見え、学校の悲惨さが少なくとも幾分かは見えていたと思っていた私は、改めて悲惨さの進行の深さを認識させられてしまいました。

おそらく、悲惨さの進行の深さは、のっぴきならない状況なのでしょう。学校をめぐる大人たちが、とくに教師が、自らを浄化する努力と自己意識の変革という努力を非常な熱意をもって総体として行わないかぎり、蘇生(そせい)することが難しいのではないかと思います。

私は、教師になろうとする人、あるいはすでになっている人は、本当に真面目な人がほとんどであろうと思います。真面目であることが悪い、などということは絶対にありませんが、私は、自分が不真面目であったせいか、真面目な人を見ると、出会うのが難しそうだという思いが湧いてきてしまうのです。

なぜかといえば、真面目な人は、真面目であった眼で物事を判断しようとするのではないか、という警戒心を抱くからです。真面目な人は、くだけた表現をすれば、「堅苦しく」、「融通が効かない」という先入観が存在し、しかも、不真面目の領域を真面目な人は知らないわけですから、理論で理解してしまおうとする傾向が強く打ち出されます。

そこが問題なのです。真面目さは、理論で整理されて語ることが可能となりますが、不真面目さは、決して理論ではなく、自らの感性によります。理論と感性、この違いは大きいと思うわけです。私の考えからすれば、感性は理論化されないからこそ「感性だ」と思うのです。それは、個々人によって異なっていると思うのです。その異なり方こそが、個を個たらしめている重大な要素だと思うのです。それを理論で推し量ろうとすれば、どうしても対象は個として見えてくることがなく、全体としてしか見えないのです。

「真面目な教師が多くなる」ということの子どもの不幸さ、教師の不幸さは、少なからずこのことが原因となっていると思うのです。真面目というガラスを通して見つめられている子どもたちは、息が詰まってしまうのではないでしょうか。

真面目であることが悪である、と言おうとしているわけでは決してありません。真面目である、というのは素晴らしいことです。けれども、不真面目さをも真面目に見て、付き合い、考えて欲しいのです。不真面目さの感性の表現を、単眼的な見方では見て欲しくないのです。注意深く見て付き合い、考えてみれば分かると思うのですが、不真面目さの表出は個々バラバラで、異なっているのです。

個々がバラバラであるということは、決して理論化されることはない、ということを意味しています。教師にとって、その実体が子どもだと思うのです。このことを認識しないかぎり、子どもとの出会いはあり得ないのではないでしょうか。

シンポジウムでは、これら以外にもさまざまのことが話し合われました。子どもの「自死」について、「非行」について、「教師」について、「親」について、などです。出席者の方々の意見は大変貴重なものでした。とはいえ、これら一つ一つのことは、短時間で決着がつくというものではありません。これらのことを、大人全体が、そして子ども自身が時間をかけて、じっくりと見つめ続けていくという努力をしていかなければならないと思います。

ある学習会で話すタメ

子どもも人生をやってる――タメ塾のスタッフとツッパリ生徒たち

［復刻版における補記・以下の紹介する座談会の様子は、雑誌『伝統と現代』一九七九年一月号に掲載されたものです。出席したタメ塾のスタッフは、榎本達彦、小野田厚、加地敏之、深瀬正史、古川哲也、工藤定次で、生徒はA、B、C、Dと表記しています。話し言葉のまま掲載されておりましたので、一部修正を加えたことをお断りしておきます。］

タメ　今日集まってもらったのは、塾に来ている連中を入れて、だいたいタメ塾っていうのはどういうもんか、という姿をそのまま伝えようと思ったわけ。別に緊張しなくていいから、勝手に喋ってくれりゃいいわけだ。

ところで、俺たちは、お前らが面白いわけ。だから、何で面白いのか、逆にお前らにとって何が一体面白いのか、を考えていこうとしているわけだ。最初に、Aはほかの塾を四回やめさせられて、五回目でタメ塾に引っかかった。なんでだ？

A君　なに、どうしてタメ塾に止まったか？　それはですなあ、めしには困んねえでしょう。タバコも吸えるし、ある程度宿題やってりゃ、おこんねえでしょ。要するに、五回目で何でタメ塾で止まったか、つうことは、ほかんところじゃ止まるところがないからね。

深瀬　何んで、ほかんところじゃ止まれねえんだ、お前。

加治　だから、どうして辞めたのかを話していけばいいんだ。

A君　一回目はケンカして辞めてねえ。二回目は車盗んで、事故っちゃって。塾の車、みんなでかっぱらって、どっかでシャコタン（車高を低くする）にして、どこか乗ってこうや、なんてはじまって。その次に、気に入ったナナハンがあったからかっぱらって、バイク三台山に隠して、塾ふけて、そこで遊びに行って、悪いことしてて怒られて、終わって。もう一回は、先公の食うカップヌードルを、初めから全員でお湯沸かして食って。そしたら、カップヌードルやるから辞めてくんねえかって……。入学金が二八〇〇円だったから、だいたいプラスマイナス「ゼロ」かな。だから、そいで一応そこは辞めて、そいでタメ塾に行ったんだよね。

古川　こまかいところはいいんだけどさ、第一印象は何？

A君　第一印象はね、タメさん見ないまでは、また何かをかっぱらって、ちょっと「さいなら」って感じだったんだけど、タメさんと会って、なんちゅうのかな、俺なんかのこと知ってんな、つうか、馬鹿な付き合いができるかなって感じ受けて、それから来だして、ずっとここに止まっている。

B君　タメ塾が初めてだから、最初は何も思わなかった。俺なんか、二年の最初から来てたもん。

タメ　それまでの先生はさあ、別にほら、普通の先生だったわけね。別に、タメさんが普通じゃないっていう……そういう意味だけど。

B君　いや、だから、なんで来てるか、ってこと。

タメ　ああ、なんで来てるか。まだ別にほかのところへ行ったわけじゃないけど、何となくほかでは受け入れてもらえないいんじゃないかという怖さはあるよね。

加治　ここで、最低線だと思ってるわけ？　塾の。

B君　だから、今、これ以上、何か規制されるといづらくなるってところが一番なんじゃないかな。

タメ　ということは、とりあえず一番規制が少ないってこと……。

B君　まあ、比較的大人として見てくれるところがある。

タメ　みんなとの付き合いが深まってきたのはいつごろからだと思う。夏以降か？

C君　夏のゼミ。

D君　個人授業なんて、夜の一〇時ごろまでやってさ。

A君　夏からだよな。

C君　そんなとき、出入り［ケンカ］があって、タメさんがタンカ切ってよ。

深瀬　あんとき、やっぱ、タメすごみがあったもん。

タメ　そんなことねえよ。大人が出ていくのはまずい、と思って三時間くらい待ってたんだけど、タメ塾の前でウロウロしてる奴がいるし、一五、六人集まってくるし、出入りがあっちゃまずいと思って……。普通なら、ほらおまわりを呼ぶだろう。それしちゃ、やっぱ面白くないよな。お前らにとって一番嫌なのは、おまわりを呼ばれてさあ、なんか手打ちやったって、本当に手打ちにならねえわけだ。そこはお前らで話をつけなきゃならねえし、そうしなきゃすまなくなるし。だから、仕方なく俺が出ていって、話を本人たちだけでつけるようにした。それ以来、誰も何も言ってくる奴はいねえけど……。

B君　あのころ、一番中学校のケンカが多かったもんな。

D君　俺もさあ、Cと一緒に来たわけよね。そんで、そんときは普通の塾だと思ってたわけ。要するに、このまま低迷していけばね、落ちるとこまで落ちるんじゃないかと思って。学力を何とか上げようと……。

古川　お前、数学悪かったんだっけ?

タメ　最初、悪かったよなあ。そんで、いまはピカ一になってきたんだよ。

D君　要するに、なんちゅうの、変換期を迎えたのはこのタメさんと会ったときね、やっぱ。

C君　やっぱ、大学生が教えてたときは普通の学習塾だったね。

D君　なんちゅうかな、決定的なのはあれね、夏のキャンプね。そんときまでは一応、ガキのころから親に迷惑かけるのは最大級の罪だと思ってたからさ、ごく普通に少年時代を送ってきたわけよ。中三の夏ぐらいまで。だけどさ、ま、この塾は授業時間にもの教えたら、教えただけでは帰さない。普通の塾はすぐ帰るんだけど。まぁ、ひき残って遊んでたときもあったわけ。

タメ　ひき残って遊んでたほうが多いんじゃねえのか。

D君　だから、それ言われるとおしまいなんだけどさ、まあ残って。学校の先生なんかは硬いんじゃないかと思って何にもしなかったんだけど、まあ一応、タメさんとか、加治さんとか、深瀬さんとか、榎本さんぐらいと話をして……。要するにさ、俺に言わせればさ、タメさんなんかとさ、夜残ってさ、話せたってことは、すごくハッピーだったわけね。

タメ　さっきから聞いていて気になることがあんだよね。一つは、俺に影響を受けたのはそれでいいんだけど、これからは自分の殻をもたなきゃならねえと思うんだ。いつまでもそれじゃ進歩がねえだろう。もう一つは、「タメさんがいたから」って言い方はそれでかまわねえけど、このタメ塾総体でやっぱり動いてたわけで、そのあたりが出てこないのが気になるね。

B君　世界が全然違ってたわけだよ。

D君　要するに、だから、その違いがね、違いの入り口がこの人。タメさんの印象が強かったわけだから。

タメ　もともとタメ塾っていうのは、俺とエノさんとでやって、一番先に考えたのは、お前らのことよりは俺たちのことで、俺たちとウマが合わなけりゃ、先公［スタッフ］として入れないこと、としたんだよ。次に、たとえば、女の話、酒、タバコ、ケンカ、退学の問題から含めて、日常的にお前らと付き合える奴、そいつの家庭や環境のこととかを含めて、ダチ公のこととかいろいろあって、これはいつも真面目に言うんだけど、本当に俺たちが体を張って付き合えるのかどうか、その意志をもっている奴しか採用しないことにしたんだ。この点は、エノさんにも喋ってもらったらいいんだけど……。

榎本　やっぱり、四月にはじめたころは、ちょっとどうしていいか分からない、ってところがあったけど、それがこんな訳の分からない奴らと一緒にやれるのかな、という先入観としてそういうものがあったんだけども、夏休み近くになってくると、一人ひとりが見えてきたところで、こっちが初めから、どう付き合うのか、って考えてやったことなんて完全に崩れるわけさ。そのときに、どうしようもなくなっちゃって、それでも付き合っていくなかで何かが見えてくるものだ、ということが分かったね。

深瀬　俺なんかだって、お前らとまともに付き合えるようになったのは、お前らが高校に入ってからだもの。それまで俺は、お前らとどう付き合っていいか分かんなかった。

榎本　俺なんか結局、付き合い方みたいの、教えられたなって気がするわけよ。

深瀬　逆によ、俺なんか、お前らと付き合ううちに自分が開かれてきたな、って思うよ。

榎本　だから、もともとさ、こういう奴とは付き合っていかなきゃならないみたいな感じって、どうしてももっちゃっているわけだけど、自分の思いこみだけでは絶対に付き合えないと分かってきて、やっぱり、だんだんそれなりの付き合いができてくるって実感したのはあるよ。そういう意味ではさ、お前らっていうのは、どっかとっつきにくいところがあって、普通にタメ塾に来て、机に座って勉強するって感じじゃなかったもん。

古川　俺なんか、一年間、お前らと国語で付き合って、一体国語に関して何が残せたのかなって。全然何も残せてないような気がする。俺、とにかくね、やっぱり、見学に一度来いよ、って感じでタメ塾につれていかれたわけだ、タメに。入ったら、やっぱり目につくのがAとBだわな。おっさんが二人ほど座ってジッとにらんでいる感じで。俺も、もともと塾で教えたり、家庭教師とか絶対にやらないつもりでいたのが、何となく、ちょこっとやってもいいかなって気で行ったら、そんなんで、エライとこ来ちまったなあ、と思った。最初は、さすがの俺も眠れなかったもの。

タメ　大体、俺はね、まずいいから来てみれば分かるって言ったの。どれだけ付き合いが大変かは、お前が来てみてから判断しろ、って言ったんだ。

古川　いろいろ聞いちゃったわな。いろいろ大変なのばっかりがいるって。行ったら、本当にそうでさ。まともなのは一人もいなかった。俺、ここに来て、クチ悪くなったもんね。

C君 よく言うよ。顔は昔から悪かった。

深瀬 だけど、クチが悪くなったのは確かだよ。

C君 いままで隠れていたのが出てきただけだよ。

古川 俺、一〇日間付き合っただけで、辞める気でいたんだ、本当は。

タメ だから、古川をつなぎ止めたものは何だったのか。

古川 俺、本当に最初は一〇日が終わったら辞めさせていただきます……昨年は土方（どかた）［土木工事に従事する人］やったけど、今年はちょっと趣向をかえて、という気持で最初はいたわけ。それが連日、一二時から酒飲んで朝までとかさ、付き合わされてな。「やらないか」って言われたとき、じゃあやってみようかなあ、とわりにすんなり。やっぱ人間がいたってことじゃないのかな。

C君 動物がいたら動物園じゃんか。

古川 うん、動物園的に興味あったと思うよ。おかしなのがいるって。俺の中学のころとはとにかく全然違う連中ばっかりだったからさ。

タメ やっぱ、福生（ふっさ）だったから面白かったってとこあると思うよ。当たり前のところに当たり前にあったら、当たり前になっちまったんじゃないかって、気があるな。

Ａ君　そうだよ。「鈍角(どんかく)」［鈍いということ］になっちまうよ。

タメ　やっぱり、毛並みが違うよ。

榎本　俺なんか、立川、福生なんていうと、新聞なんかで見てたんだけど、生徒のケンカとか先生と生徒の争いとか、売春とか、卒業式のときの騒ぎとか……そういうところっていう感じもってたもんなあ。それで来てみりゃ、ＡにＢでしょ、最初の出会いが……。

深瀬　そりゃ、ビビルわな。

タメ　でも、俺は、比較的、てめえの追体験からして、俺も下町のほうの悪いことする学校で有名なとこでさ、中学に移って来たときが。ま、用心したよ。お前らも、ちょっと違ってると思ってたら、何のことはない。これ勝てる、と思ったもの、勝負したら。付き合っても勝てると思ったよ。

古川　要するにタメはさ、こいつらと同じような世界に住んでいて、もっと凄いことしてるわけじゃないの。

タメ　そりゃどうか分らないけどね。

古川　さっき、Ｄなんかが別世界って言ったけど、俺にとってＢやＡみたいな中学三年生って別世界って感じ。少なくとも、俺が知ってる中学生の範疇にはいなかった。

Ｂ・Ｃ君　俺が付き合ってるなかにはいっぱいいたよ。

タメ　だから、俺が一番心配したのは、加治を入れるときなんだよ。やっぱり、東大生ってことで。俺は電話で試したんだよ。
加治　まだ言ってる。
タメ　電話で、「あんた中国哲学やりますか?」って。そしたら、この野郎、西洋哲学だって言うんだよ。
榎本　タメは麻雀のこと言ったんだよね。
加治　俺はヘーゲルあたりかな、とか何とか言ったのね。それで、どっちらけね、もう。
タメ　センスを試したつもりだったんだ。それで、コチコチで来ると思ったんだよ。そしたら、この野郎、遅刻してな、竹の買物カゴひっちゃげて、やって来た。それから飲んで。注ぎゃあ飲む、注ぎゃあ飲む。こいつ、ずいぶんいけるんだなあって思ってさ。そしたら、だんだん吐きはじめてさ、そいで正座し出して、吐き終えてからまた飲むんだわ。こりゃ、ひょっとしたらウワバミぐらいかな、なんて。ま、その印象で決めた、ってとこもあったけどね。だけど、まだ東大生っていうのが引っかかっていて、要するに、お前らと付き合えるかどうかって、大変な問題だったんだ。
　やっぱり、お前ら、慣れてしまえば慣れるけど、人を拒絶するのも早いじゃない。
D君　だって、最初、少林寺拳法やってるなんて言うんだもん。(ワイワイガヤガヤ)

Ｃ君　ほんと、最初、輝いていたんだよな。そいでウソだって分かったら……。
Ａ君　初めはビビっちゃって……。おっかしかったよな。
タメ　俺、最初に少林寺拳法の有段者、なんて紹介したよな。
Ａ君　五段だとか何とか。一発ひっぱたかれたら、このへんが砕けちゃってよお。（笑）
古川　普通なら信用しないいんだけど、お前ら信用しちゃうんだもん。
榎本　加治には、結構付き合いづらい生徒をぶつけたもんね。
加治　でも、あのころは一番面白かったよ。さっぱりものを言わないＥでしょ、障害のあるＦちゃんでしょ、あと、まったく毛色の違う天才少女のＧ……。
タメ　それで俺、どっちかっていうと、お前らズベってるとか何とか、ああいうのが楽しみでね、付き合っちゃおうと思うわけ。いい子ちゃんと付き合っても面白くねえ、っていうのがある。
Ａ君　それは言えらあ。
タメ　お前らがいい子ちゃんだってことは分かるよ、そのいい子の質が違うんだよな。
Ａ君　正直言って、俺なんか四人が歩いてると、タバコなんか吸うとこ見たりしたら、絶対、普通の人が見たら、変なんが来たなあって、思われんじゃん、何となく。
加治　そういうふうに見られてるって分かる？
Ｂ君　だって、眼で分かるんじゃない、やっぱり。

A君　俺なんかが一〇人くらいで集まったら警察に通報するオバサンだっているよ、なかには。
D君　だって、ゴリラ（小さいバイク）で三人乗りしたら、にらむぜ。
タメ　俺たちは、拒否じゃなくて、何であんなバカなことしてんのか、要するに、バカってどういうことかって言うと、ああ、いまだからやってんだなって。
A君　いまの齢だからできんだね。
タメ　そういう雰囲気なんだよ。
B君　それを分かってくれんのがタメさん。

この先、討論は延々と続いていく。たとえばAのこと。Aは徹底して「ワル」のレッテルを貼られていて、成績も教師の「感じ」で多少変化してしまったという事実。私はAに、「三年生の二学期は内申のつく大事なときだから、提出物はきちんと出して、授業中はおとなしく、少し真面目に勉強をしてみな。成績も上がるから」と言い聞かせたところ、Aは提出物も出し、多少勉強もした。成績にそれも現れた。ほかの生徒と比較しても、確実に成績は上がるはずであったが、結果は一学期と同じであった。

Aは、それから前にも増してグレ出し、学習意欲も薄れていった。詳しくは紙面の関係上伝えられないが、学校の教師が生徒全員の前で「あんたは絶対に1」と公言するなど、とても考えられないことだ。そう言われたＡが、どれだけ傷つくのかは想像できるだろう。私たちは、そんなことに腹を立てている。

Ａも Ｂ、Ｃ、Ｄも、タメ塾にほとんど毎日顔を出している。このことが、私たちには非常な救いとなっている。

寄稿 荒野に〈人間〉を燃やしつづける人

遠藤豊吉（教育評論家）

工藤さんという人はたいへん魅力的な人である。面と向かって何でも思ったとおり話ができる人、安心して話が交わせる人、懐のとても深い人。この若さで、親子ほどにも年齢のちがうわたしにこんなことを言わせる人はめったにいない。

こんな言いかたをすると、かなりひんぱんに工藤さんに会っているように人には見えるかもしれないが、そうではない。直接に会ったのが二回、電話で話を交わしたのが三回。それだけである。たったそれだけで、一人の人間の人柄が断定できるのか、と人はいぶかるかもしれない。だが、人間のつきあいのなかには、そんなことがあるのである。人には、出会いの回数が少なくても、話し合いの量が少なくても、わかり合えるということがあるものなのだ。

工藤さんは「タメ塾」という奇妙な名で呼ばれる塾をやっている。東京・西多摩の青梅線沿線のどこかの街に「タメ塾」という塾があることを、かすかに聞いて知ってはいた。だが、その塾をどんな人が中心になってやっているのかというところまではわからなかった。

工藤さんという青年がその人だということを教えてくれたのは、あるテレビ局のディレクターだった。そのテレビ局のある番組で、はじめてわたしは工藤さんと会った。そのときは、あわただしく用件だけを話し合って別れた。テレビ局から呼ばれた客同士の出会いなどというのは、それこそはかないものであって、よほど強烈な印象でも受けないかぎりは、おたがい一週間もすれば忘れてしまうものなのだが、わたしにとって工藤さんはちがっていた。のちのちまで、やきついたようにその面影がのこった。

めずらしいことだった。おそらく、わたしに向かって投げたことばが、生きたことばだったからであろう。生きたことばだったから、わたしの胸のなかに生きつづけ、酵母菌のように、わたしのなかの何かを育てたのだろう、とわたしは思う。

しばらくして、その工藤さんから電話がかかってきた。「現代における『非行』の問題を考えるシンポジウムに出てくれないか」［二二五ページからを参照］という誘いだった。「タメ塾」は、世に「落ちこぼれ」といわれる子をかかえこんでいる。また、「非行」と呼ばれる行為をやり、「正常」路線をひた走る学校から切り捨てられた子をかかえこんでいる。それらの子をかかえこむ、あるいはかかえこまざるをえない塾の存在理由を、〈人間〉の問題として考えてくれないか、というのが誘いの趣旨だった。

わたしに、工藤さんの誘いにこたえうる何ほどの力があるか自信はなかったけれども、もう一度工藤さんに会えるというよろこびで、わたしはそれを承諾した。

シンポジウムはかなり長い時間をかけておこなわれ、わたしは深い疲労をおぼえた。しかし、その疲れはけっして不快なものではなかった。いや、むしろそれはさわやかなものであり、こころよいものだったといってよい。工藤さんを中心とする若い人たちの「タメ塾」実践の具体的な姿を直接わが目で見たことのないわたしだったが、そのシンポジウムは、肉眼で見たことのないその「タメ塾」をありありと見せてくれたのだった。

シンポジウムの会場には、「落ちこぼれ」と呼ばれ、あるいは「非行」生と呼ばれて「正常」路線から現に隔絶されている子どもたちと、何人かの親たちがいた。えんえんとシンポジウムがつづく長い時間、わたしたちといっしょに固い椅子にすわりつづけたその子どもたちの目のなかに、〈人間〉としての正常な光が宿っていたことを、わたしはこれからも長く忘れることができないであろう。

おそらくあの光は、〈人間〉としてほんきになってとことん自分にかかわってくれるにちがいない工藤さん（および「タメ塾」の若い人たち）の思いに呼応して発光する〈人間的感情〉の燃焼だったにちがいない。

世俗的には何のトクにもならない「タメ塾」を持続する工藤さんの生きかたは、剛毅（ごうき）といってよい。だが、その剛毅をささえているものが、工藤さんにおける〈人間〉としての優しさであることを、人は見落としてはならぬ。この優しさ、世俗がつくり出す現象の背後にあるものを見抜く鋭さ、〈人間〉の心への繊細なまでの目配りがなくては、剛毅は持続できぬ。

傷だらけの剛毅――わたしの予感では、時代は世紀末へ向かって、ますます荒れを深めるにちがいない。そして工藤さんは、その荒れのなかでさらに傷を負いつづけることだろう。だがこれだけは信じてよい。その傷をかくさずたたかいを持続する工藤さんに、「正常」からはずされ、いっしょに傷だらけになって荒野を歩む少年たちが、まっすぐ目を向け、心を向けて、共有できるひとつの地平を求めつづけるであろうことを。

［復刻版補記：一部改行を加えました。］

あとがき

一冊の原稿を書きあげるのがいかに大変であるか、ということが改めて分かりました。あわせて、私自身、本当に「言葉」というものを知らないのだ、ということを思い知らされました。高校時代、現代国語の先生に、「お前の作文は小学生以下だ」と言われたことが思い出されます。

多くのことが言いたくて、言いたくて仕方がなかったのですが、いざ人に伝えるという段になって、何も言えないのだな、と自分が情けなくなってしまいました。

それにもかかわらず、タメ塾の活動をとおして何か伝えるものがあるにちがいないと自分に言い聞かせて、必死になって書きました。その一つ一つが、昨日のことのように頭に浮んできます。ただただ若さだけで、身体を使って子どもたちと接してきたなかで、さまざまなことが見えてきたのは、私にとって貴重な体験でした。その意味で、私は子どもたちに深く感謝しています。

ですが、本文中でも何度も述べましたように、いまの社会、大人というものは、何と子どもたちに冷たいのでしょうか。この大人の冷たさが、私には残念でたまりません。社会が一体となって子どもを心配しているようなポーズは横行していますが、それは見せかけだけであって、何も子どものためになっていないのです。

　それよりもむしろ、見せかけのポーズをするぐらいであれば、子どもには何もせず、無関心でいてくれたらどんなにか子どもが幸福だろうかと思います。子どものことを本当に心配するのであれば、何をおいても真剣に子どもと向きあって欲しいと思います。それが、先生であったり、親であったりすればなおさらのことです。

　私は、本当に憤りを感じています。そして、いまの子どもをめぐる大人社会のさまざまな規制の行動が残念でなりません。こんな私の思いが、少しは読者のみなさんに伝わりましたでしょうか。

　私はこの本を、「うまく生きろ」と子どもに言ったり、いいそうな大人たちに、そして、「うまく生きられない」子どもたちに、とくに読んで欲しいと思いながら書きました。それは、私自身が「うまく生きられない」側の人間であることを承知しているからであり、それゆえに、うまく生きられないかもしれないけれども、「己(おのれ)自身を生きている」という実感をもって、生き抜いてゆくことの楽しさやしんどさを伝えたかったからです。

　もう一つ、私がこの本を書いた動機は、私が子どもと付き合ってきた、その付き合い方を私自身が振り返り、これからの付き合い方の糧(かて)としたかったこと、そして、私の付き合い方やものの見方、考え方に対して、多くの方々の批判を仰ぎたいという思いからでした。

最後に、わが「タメ塾」は、到底、私一人の力では維持していくことは不可能でした。多くの方々が少なからぬ助言をしてくださいました。とくに、遠藤豊吉氏、武田秀夫氏、三橋修氏、そして何よりも、私を支えてくれている「タメ塾」のスタッフ、子どもたち、若い私を励まし続けてくれた両親たちに深く感謝します。

さらに、この本の発行を引受けて編集に携わってくれたユック舎の金沢俊子さんは、私のわがままに最後まで付き合ってくれました。多謝。

工藤定次

一九八二年六月

復刻版あとがき――夢想（後日談）

タメ塾の扉が勢いよく開きました。

「タメさん、二〇点取ったぞ！　二〇点！　一〇〇〇円だ、一〇〇〇円だ！」

「おぅ、A、やったじゃねえか。一〇〇〇円なんてケチくせぇこと言ってねえで、『蘭州』（中華料理店）に好きなもん頼んで、みんなで祝おうぜ！」

（ワァーイ！　やったぁ、Aさまさま）

「待てよA、蘭州でラーメン頼んでも、一〇〇〇円じゃお釣りが来るぜ」

「おぉB、計算高いな。さすが、自動車工場の跡取りのことはあるな。じゃあ、AとBは餃子の追加だ」

（私の頭の中では、月謝袋から何枚ものお札が舞い上がって消えてゆきます。）

「だけどよ、タメさん、俺、ほんとは親父の跡なんて継ぎたくねえんだ。一日中油まみれの仕事なんてやりたくねぇ。もっと楽な仕事、テキヤにでもなって、祭りのときだけ仕事をして、あとはブラブラ遊んでいてぇー」

「Bよ、テキヤを侮るなよ。テキヤはいっぱしの職人だ。誰にでもできるもんじゃねぇ。よし、今度の夏、『七夕まつり』のときに焼きそばの屋台を出そうぜ。そこで、テキヤの大変さを教えてやらぁ」

毎年、福生市では、夏八月の四日間（二〇二三年は、七月八日、九日の二日間の開催）、駅前から市役所までのメインストリートを解放し、「福生七夕まつり」を開催しています。そのときに屋台を出して、子どもたちに「テキヤ体験」をさせようというわけです。

一九八五年、駅前通りに移ったばかりの「タメ塾」の隣にある駐車場を借り切って、テントを張り、屋台道具を調達したわけです。タメは、甚平に下駄、首に日本手ぬぐいを巻くという出で立ち、どこから見てもテキヤそのものです。

「いいか、屋台は客を並ばせてなんぼのもん。どっしり構えてじらすんだ。焼きそばのテッパンの火力を上げて、ソースを高い位

2023年7月8日に出店した「タメ塾」の屋台

新奥多摩街道沿いに残る「タメ塾」の文字。通常は、センターの研究室として利用している

置からザ～とかける。ほらよ、うまそうな匂いの煙が上がったら、頃合いだ。よ～し、客を呼びこめ！」

といった具合にはじまった「テキヤ体験」ですが、その歴史は現在も引き継がれています。毎年、夏に開催されている「福生七夕まつり」、驚くほどのにぎやかさのなか、「タメ塾」の屋台を探しに来てみませんか。

子どもたちを「生かしたい」というタメの思いは、これに留まりません。調理好きという青年の思いをくんで、『もつ焼き大吉』まで開店してしまいました。また、ひきこもりの青年たちの内向的な性格を慮り、極力人付き合いをしないですむ仕事をさせようと、ハウスクリーニング業、チーズ工房、ごぼうの加工工場など、次々とアイデアを具体的な形にしてゆきました。そのたびに、私のお財布が空っぽに……。

1994年に開店した「もつ焼き大吉」。
１年半ほどで閉店となったが、写真に写る大将は、タメ塾を卒業後、北海道でシェフになっている

そして、究極の散財は、一九九九年の「ＮＰＯ法人青少年自立援助センター」（以下センター）の設立です。その年の冬に、寮生が自立するための一環として、独り暮らしの練習の場を提供しようと、市内に中古マンション一棟を購入しています。保護者有志の方々から「無利子でお貸しします」という申し出があったおかげです。

この当時、不登校、ひきこもりは、一家庭、一個人の問題として国からの支援は対象外となっていました。福祉施設であれば補助金で建設できるのに、タメの「金を出したら口も出す。そんな銭ならこっちから願い下げだ」という強い信念のもと、二〇〇五年には、とうとう三〇〇坪の土地に、三階建ての宿泊施設まで建設してしまったのです。約五億円の借金を抱えて、自ら選んだ道を突き進み続けました。

現在の青少年自立援助センター

「タメ塾」の時代から「センター運営」までの、山あり谷ありの道のりを支えてくださったのが、自閉症の息子さんHを抱えていた家族の方々です。

Hが初めてタメ塾にやって来たのが小学校六年生のとき。カセットラジオから流れる「軍艦マーチ」とともに悠々とやって来たHは、誰かれなく誕生日を尋ねるという風変わりな少年でした。こんなHの親御さんには、「タメ塾」における「親の会」を立ち上げていただいたり、文化祭のバザーを主宰していただいたりと、公私にわたって活動してもらいました。

その親御さんからHの行く末を案ずる話を聞いたタメは、間髪入れずにこたえました。

「俺がHの面倒を死ぬまで見るよ。だから、安心してくれ！」

先に購入したマンションを障害者のグループホームに改修し、さらに新設したばかりのセンターの一部を惜しげもなく取り壊して、第二、第三のグループホームに改修し、障害者の作業所まで運営します。たとえ保護者がいなくなっても、Hが衣食住に困ることなく、社会の一員として「生きる場」を確保したのです。自腹で建てた建物でなければできない荒業です（とはいえ、誰よりも先に逝ってしまうというのは、シャレにならない話ではありますが……）。

令和の現在もセンターでは、食堂に、Hをはじめとする障害者と、ひきこもりから自立しようとする若者たちが空間を共有しています。

「私、Hさん怖いんですけど……」

入寮したばかりの女性の不安は十分理解できます。

「大丈夫。お誕生日を聞かれたら答えるだけでいいから。あとは近づかなくてもいいよ」とアドバイスするのですが、一か月も立つと、

「Hさん、ケーキ買ってきたけど食べる?」

と、女性が誘っています。

表情を変えずにHが、「○月○日生まれか?」と問います。

「えぇ! 私の誕生日覚えていてくれたの? Hさんすご〜い」

いわゆる健常者と障害者が同じ空間、同じ時間を過ごすことで起こるシナジーに特別なお膳立てはいらないのです。


「復刻版まえがき」で、「青い源流」が現在の流れとなった二件の例を挙げさせていただきました。ですが、タメの根幹を成すもう一つの源流はいまだに「流れ」が見えてきません。三一ページに掲載されている「障害者と健常者」による会社設立という構想です。

二〇一三年に施行された「障害者自立支援法」を皮切りに、障害者に対する支援はさまざまな領域で実施されてきました。しかしタメは、それでは「福祉」の枠を出ることがなく、真に障害

者の自立を謳うのであれば、障害者以外の人間が一緒になって自立をしなければ「本来の自立」とは言えないというジレンマを抱え続けていました。そんな「青い源流」を自らの力で「流れ」とすべく、亡くなる一年前に『「さらば福祉」三人の識者と語り合った総合福祉への道』という冊子をつくって活動を開始しましたが、残念ながら、その「流れ」を見ることはかないませんでした。

残された者にとっては、あまりにも壮大な宿題を出されたような感じで、「答え」は本当にあるのかという疑いまでもち、「手の付けようがない」というのが現状です。とはいえ、希望は失ってはいません。源流があるかぎり、「いずれは……」との想いだけはしっかりともち続けようと決心しています。

新型コロナが5類になる少し前のある日、小学校の道徳の時間において、いじめをなくすために「ふわふわ言葉」と「ちくちく言葉」の学習が行われているという記事を目にしました。もちろん、効果があると思われることは、やらないよりはやったほうがよいでしょう。その学習をやることで、一人でも、二人でも、傷つかない、

傷つけない子どもが出てくることを願ってやみません。
そんな期待を抱きながら、次のような言葉がふと思い浮かびました。

「おまえはこれしかできない」
「これはおまえしかできない」

同じ「ひらがな」です。並び替えただけですが、言葉のもつ意味の違いをみなさんもご理解いただけるでしょう。私たち大人は、どのような言葉で子どもたちと向きあえばいいのか。今回の復刻出版に際して本書を読み直し、改めて「タメ塾の存在は大きかった」と感嘆しています。本書を読まれた若い方々のなかから、「タメの哲学を引き継いでみるか」と思われる人がたくさん出てくることを期待しています。

教育も福祉も、机上では語れません。タメが言っていたように、対象となる人といかに「付き合い切れるか」、このひと言に尽きます。

最後に、タメが入院中に書いた手書きの文章を、そのまま掲載させていただきます。言ってみれば、この文章が「人生の総括」となりました。

閑人話

遂最近、肝臓病でお世話になっていた内科の先生から

『今後は何でも御自分のやりたいように生きて下さい。』

との言葉を戴いた。平たく言えば、手の打ち様がないので、残りの人生、御自分らしく生きて下さい、ということである。

私自身は別段、先生の言葉に驚くことなく、むしろ〝予想通り〟の言葉を聞いたに過ぎなく

『解りました』

と一言を発したに過ぎなかった。

だが、先生の言葉の

『残りの人生、御自分らしく生きて下さい』をほんの暫くして考えてみると、自分らしく生きる、とは一体どういうことなのか、との自らの今迄の生き方に合わせて考えてみた。

『自分』らしい、『自分』らしくなどという思考の有り様を、主体的に考えたのはいつだっ

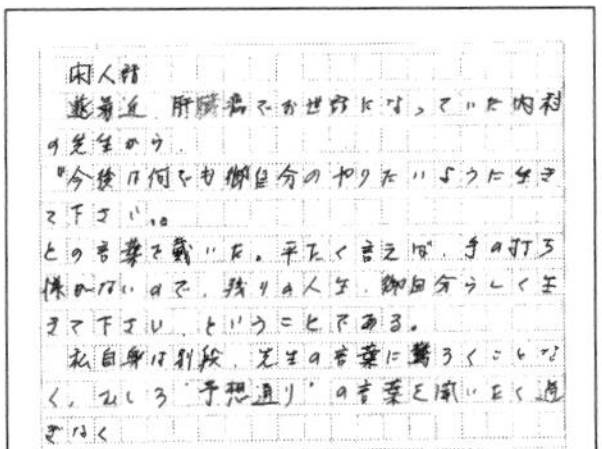
閑人話
遂最近、肝臓病でお世話になっていた内科
の先生から、
『今後は何でも御自分のやりたいように生き
て下さい。
との言葉を戴いた。平たく言えば、手の打ち
様がないので、残りの人生、御自分らしく生
きて下さい、ということである。
私自身は別段、先生の言葉に驚くことな
く、むしろ〝予想通り〟の言葉を聞いたに過
ぎなく
『解りました。
と一言を発したに過ぎなかった。
だが、先生の言葉の
『残りの人生、御自分らしく生きて下さい』
をほんの暫くして考えてみると、自分ら
しく生きる、とは一体どういうことなのか、
との自らの今迄の生き方に合わせて考えてみ
た。
『自分』らしい、『自分』らしくなどという

たのか、自（ら）の人生の中で捜し出せない自分にすぐに行き着いた。

哲学とは言えないが、自らの生き方の柱ははっきり成立していた。『私』であって『公』である人生の歩み。更に加えられた生き方の柱は、『弱者たる立場の人間の側に立ち、支援を継続する』という、二本柱であった。

『私』であって『私』を生きる。『公』であって『私』を生きることは、それこそ簡単なことではなかろうか。しかも『私』であって『私』を生きる方向性は、簡単な上に安易過ぎる。この方向性を〝捨てた〟時機が皆目見当が着かない。

その私に先生は『私』であって『私』を生きて下さい、と言うのである。私の思考的発想の成立以来、一度も考えたことの無い課題を与えられたのだから、本当に驚いてしまった。今更『今日までの自分』を生きてきた私に方向転換は無理なので、二本の柱を組み、その方向性で生きてきた自分のままで『死』を迎えようと思っている『今日』。

思いがけず、「突拍子もない」機会を提供してくださった株式会社新評論の武市一幸さんに感謝いたします。また、「僕の原点はこの本です」と言って、本書（旧版）を武市さんに紹介してくれた井村良英さん（「ＮＰＯ法人育て上げネット」執行役員）にも、深く感謝いたします。本当に、ありがとうございました。

さて、これで私の任務は終了です。この間の経緯を、タメの遺影に報告します。さて、何と言ってくれるのか？　「よくやった！」と言ってくれるとうれしいのですが、次のような言葉が返ってくるような気がしてなりません。

「おめえら、まだまだ『青い』な！」

二〇二三年　六月

工藤姫子

ン」運営開始。八王子市周辺の若年無業者の就労支援を実施している。

2015年4月　江東区ひきこもり等支援事業・八王子市就労準備支援事業・板橋区学習支援事業・文化庁。生活者としての外国人のための日本語教育事業各地で、生活困窮者の支援事業が始まっている。YSCでは、若者・子どもが十分なサポートを受けることのできる環境を整備し、支援している。

2015年6月　ハウスクリーニング基礎技術取得講座開始。YSCが独自に開発した短期合宿による技術取得講座。講座を受講することにより、無資格でも体験実績のある職種に対する不安感を払拭し、就労職種の選択枝が増えるという効果がある。主に、各自治体の生活困窮者支援事業の一環として実施。

2015年10月　「ジョブリハあだち」を北千住に開設。足立区の委託により生活困窮者の就労準備事業を開始。北千住に新たな事務所を開設した。

2016年10月　生活困窮者の子どもの学習支援「まなぶーす板橋西台教室」「まなぶーす八王子」開設。

2017年6月　生活困窮者の子どもの学習支援「まなぶーす福生」開設。

2018年4月　NPO法人青少年自立援助センター第3施設建設。

B1：グローバルスクール、F1：放課後ディサービス　えじそん、

F2：多摩若者サポートステーション、F3, 4　きんもくせい第5

2020年4月　足立区委託事業。生活困窮世帯で外国にルーツをもつ児童生徒等に対する学習支援事業／足立区竹ノ塚教室。

2020年8月　八王子市委託事業。八王子市若者総合相談センター開設。

2022年3月　福生市のボランティア団体「フードバンクふっさ」と協力し、毎月1回福生西口のYSC研修室をフードパントリーとして開放。障害者就労支援B型の利用者も配布の手伝いを行っている。

2022年4月　「ひきこもりサポートネット」が事務所を拡充。

ち」、「フリースペースわかば」運営開始（竹の塚）。東京都のひきこもり対策の一環として実施。

2008年８月　東京都若者社会参加応援ネット「コンパス」事業開始。YSC の自主事業として行ってきた「訪問支援活動」が、公認活動として認められる。

2009年11月　足立区委託事業「仕事道場」（訓練就労サポート制度）実施。YSC 独自のシステムである「労働体験研修」は、協力事業所の仕事をスタッフと利用者がチームを組んで労働体験するというシステム。足立区が、区内事業所と協力して、ニート状態の若年者の就労訓練を実施。

2010年４月　厚生労働省委託事業「いたばし若者サポートステーション」開設。東京都では、５か所目となるサポステの運営。若年無業者にとっては、身近な相談場所が増えることで、就労に対するハードルが低くなるという効果が見込める。

2010年４月　国際移住機関委託事業「定住外国人の子どもの就学支援事業」開始。フィリピン人・ペルー人・ブラジル人など、我々の身近で暮らす定住外国人の子弟も日本語の読み書きができないことで、不登校になるケースが増えている。今までの若年者支援では見えてこなかった部分にも光を当てる必要性がある。

2010年７月　「子ども・若者育成支援推進法」施行。YSC は、ひきこもり対策の一環としてアウトリーチ事業に協力。

2011年11月　「子ども若者育成・子育て支援功労者表彰・内閣総理大臣表彰受賞」。当法人の長年の実績が評価される。

2011年12月　就労移行支援・就労支援Ｂ型作業所「ジョブスペース游」開設。障害をもつ若者を中心に就労準備のための支援を行う。

2013年４月　厚生労働省認定事業「多摩若者サポートステーション」運営開始。多摩地区の若年無業者の就労支援を実施。

2013年10月　障害者グループホーム「きんもくせい第４」を新規開設。おもに20代の若者を中心にグループホームを利用してもらっている。活気のある生活となっている。

2014年４月　厚生労働省認定事業「八王子若者サポートステーショ

2004年10月　東京青年会議所最優秀志民大賞受賞。若年無業者就労支援システム「コミュニティアンクルプロジェクト」が評価される。
2004年10月　環境省炭谷事務次官視察。環境省委託事業「不登校・ひきこもりに児童生徒の環境教育による支援事業」の実施状況を視察。
2004年12月　厚生労働省尾辻大臣視察若年無業者の就労支援の実施状況の視察。
2004年12月　多摩信用金庫多摩グリーン賞優秀賞・特別賞受賞。若年無業者就労支援システム「コミュニティアンクルプロジェクト」が評価される。
2005年６月　知的障害者グループホーム「きんもくせい」運営開始。第二寮を改修し、タメ塾の時代より通所している自閉症の青年の入居が可能となる。
2005年７月　厚生労働省委託事業「若者自立塾」運営開始。
2005年９月　福生市福生に新施設建設同地に300坪の土地を購入。食堂・作業場・フリースペース・70床の個室を有する三階建の建物を建設。（補助金等公的資金に依らない法人所有）
2006年７月　厚生労働省委託事業「あだち若者サポートステーション」運営開始（北千住）。足立区の若年無業者対策として区役所のバックアップの下、先駆的な運営を行う。
2006年11月　山本再チャレンジ担当大臣視察（あだち若者サポートステーション）。全国の地域若者サポートステーションの最も高効果を誇る運営に、多くの関係諸機関からの視察が絶えない。
2007年８月　若者自立塾を高知県幡多郡黒潮町へ移設。高知県教育委員会のバックアップの下、若年無業者の支援を行う。

2007年11月　厚生労働大臣表彰受賞。工藤定次理事長の若年無業者に対する取り組みが評価される。
2008年７月　厚生労働省委託事業「高知黒潮若者サポートステーション」運営開始。高知県に５箇所のサテライトを持って、支援活動を実施。
2008年８月　足立区委託事業「ひきこもりセーフティネットあだ

NPO 法人青少年自立支援センターの「あゆみ」

1977年４月　東京都福生市に置いて学習塾「タメ塾」を工藤定次が開設。非行や障害の子どもたちのための学習指導を行う傍ら、地方の登校拒否生徒の復学のため、自宅を開放し通学させる。

1992年７月　福生市加美平に宿泊寮を開設。タメ塾への不登校(登校拒否)の入寮希望者が増加したため、新たに受け入れスペースを必要としていた時、廃屋となった社員寮を賃貸することが可能となった。その一角を利用し、就労訓練の一環として野菜加工の作業を行う。その他、ハウスクリーニング、焼鳥屋、漬物加工工場研修など、入寮生のための職場体験の場を提供する。

1999年６月　NPO 法人青少年自立援助センター設立。前年、特定非営利活動促進法が施行され、タメ塾の社会的役割を公的機関として拡充すべく、工藤定次が理事長に就任。寮生 OB、保護者、大学教授、医師などの賛同を得て、NPO 法人として新たな出発を果たす。

1999年12月　福生市志茂に中古ワンルームマンション一棟（18室）購入。寮生の自立の準備期間として寮からワンルームへ移動し、模擬的に独立生活を体験させるための場所として利用した。

2000年８月　福生市武蔵野台に研修施設開設。福生市の資源ゴミの無料回収、家電リサイクル作業が多くの市民に利用されると、ゴミのストックヤードが必要となり、工場跡を賃貸。１階を作業場、２階を寮生研修施設として使用する。

2003年４月　北海道上川郡下川町に「しもかわ寮」、「チーズ工房フロマジェリ」開設。雄大な北海道の大地でチーズ職人の下、若年無業者が修行することで、将来のチーズ職人育成を目指すため開設（2006年閉所）。

2004年７月　東京都竹花副知事視察東京都の若年者就労についての意見交換が行われる。

2004年10月　東京都教育功労賞受賞。

NPO 法人青少年自立援助センター

団体概要

名　称　特定非営利活動法人青少年自立援助センター（Youth Sapport Center：YSC）

設　立　1999年６月９日

役　員　代表理事：河野久忠、専務理事：工藤姫子、常務理事：瀧川修三、理事６名、監事１名

職員数　全体101人（常勤47人、非常勤54人、教員資格保有者・臨床心理士・精神保健福祉士・キャリアカウンセラー含む）

住　所　〒197-0011　東京都福生市福生2351-1

電　話　042-553-2575

メールアドレス　ysc@interlink.or.jp

公式サイト　https://www.npo-ysc.jp/

理念　困難を抱える子ども・若者に真剣に向き合うこと、自由と幸福を前提とした“自立”を獲得できるよう支援し続けること

活動概要

ひきこもっている大切な人に自分らしく生きてほしい、チャンスを作れるのは家族だからこそ。個別相談から自立までをトータルにサポートできる YSC 独自のシステム

個別相談——保護者・ご兄弟の相談をお受けします。ひきこもりから抜け出すためのアドバイスをさせていただきます。

訪問支援——日本全国を対象に、訪問による時間をかけた説得、情報提供が、ひきこもりの扉を開ける原動力になります。

支援プログラム——YSC の支援プログラムは、個別対応をベースにしているので、メンタル・体力・性格などを配慮したきめ細かいサポートができます。日常の成功体験の積み重ねが自立へとつながります。

継続支援——自立後、それぞれが社会生活を継続できるよう、アフターフォローを行います。

（ホームページより）

著者紹介

工藤定次（くどう・さだつぐ）
1950年、福島県生まれ。早稲田大学文学部、和光大学人文学部にて心理学、社会学を学ぶ。1975年から和光大学人文学部三橋修研究室員を経て、1977年より福生・タメ塾を開講。
生前、雑誌『伝統と現代』に執筆するほか、日本テレビ『お昼のワイドショー』に教育問題で出演していた。
2019年、永眠。享年68歳。

工藤姫子（くどう・ひめこ）
1955年、神奈川県生まれ。
1975年、和光大学入学。
1976年、工藤定次と結婚。
1999年、NPO法人青少年自立援助センター専務理事就任（現職）。
一男二女の母。

さらば寂しすぎる教育
――福生市・タメ塾の記録――
（検印廃止）

1982年6月15日　初版第1刷発行（ユック舎刊）
2023年8月25日　復刻版初版第1刷発行

著　者　工藤定次
　　　　工藤姫子

発行者　武市一幸

発行所　株式会社 新評論

〒169-0051 東京都新宿区西早稲田3-16-28
電話　03(3202)7391
振替・00160-1-113487

落丁・乱丁はお取り替えします。
定価はカバーに表示してあります。
http://www.shinhyoron.co.jp

印刷　フォレスト
製本　中永製本所
装丁　山田英春

Printed in Japan
ISBN978-4-7948-1246-9

新評論　　好評既刊

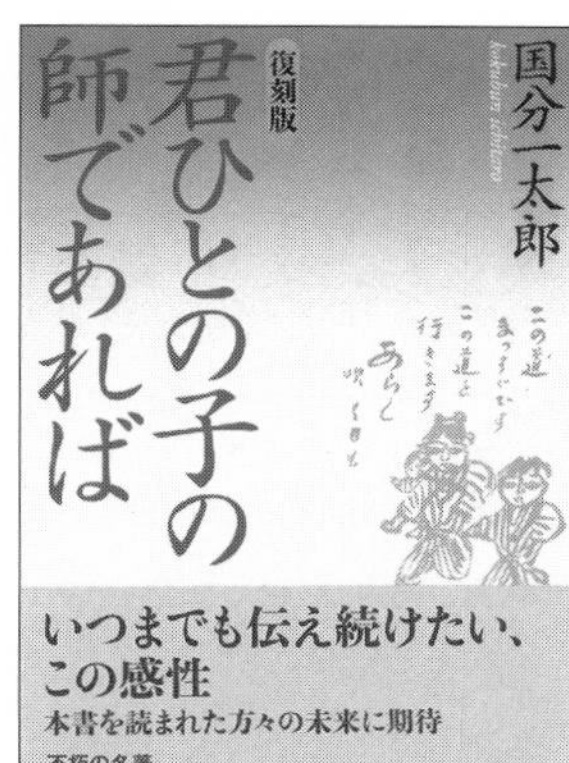

国分一太郎

［復刻版］

君ひとの子の師であれば

真の教育を追求するすべての教師、教育の未来を模索するすべての人に贈る不朽の名著、20 年余を経て待望の復活！

四六並製　284 頁　2420 円

ISBN 978-4-7948-0919-3

中野 光

梅根悟

その生涯としごと

「梅根の前に梅根なし、梅根の後にも梅根なし」と言われた教育界の巨人の決定版評伝！　豊富な写真、名文引用多数。

四六並製　236 頁　2420 円

ISBN 978-4-7948-1116-5

＊表示価格はすべて税込み価格です